コグトレ

点《てん》つなぎ ②－1

年《ねん》　月《がつ》　日《にち》　名前《なまえ》（　　　　　　）

上《うえ》の絵《え》と同《おな》じように × をつないで下《した》に写《うつ》しましょう。

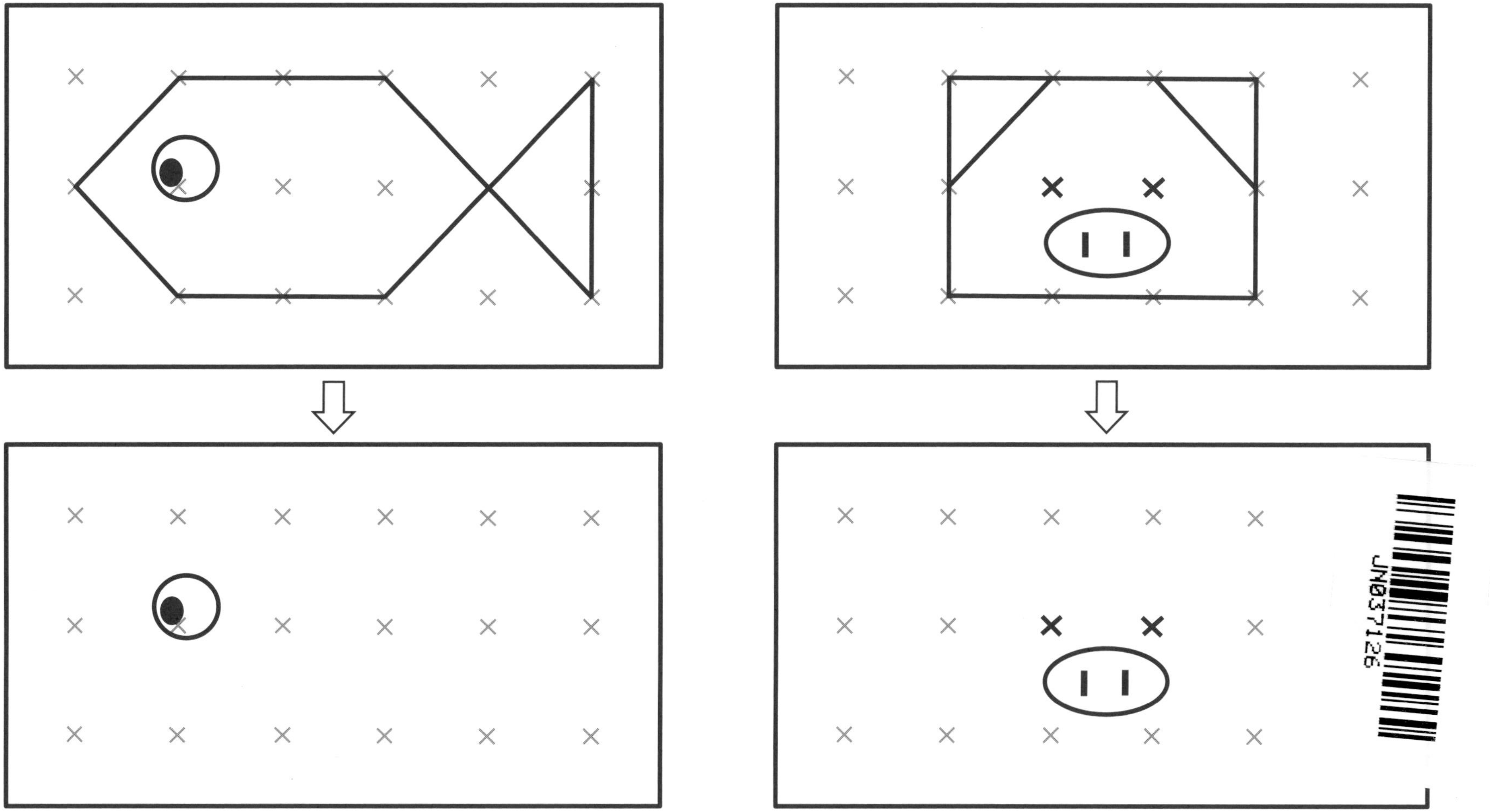

宮口幸治：やさしいコグトレ―認知機能強化トレーニング．三輪書店、2018 より

点《てん》つなぎ　②－2

年《ねん》　月《がつ》　日《にち》　名前《なまえ》（　　　　　　　　）

上《うえ》の絵《え》と同《おな》じように × をつないで下《した》に写《うつ》しましょう。

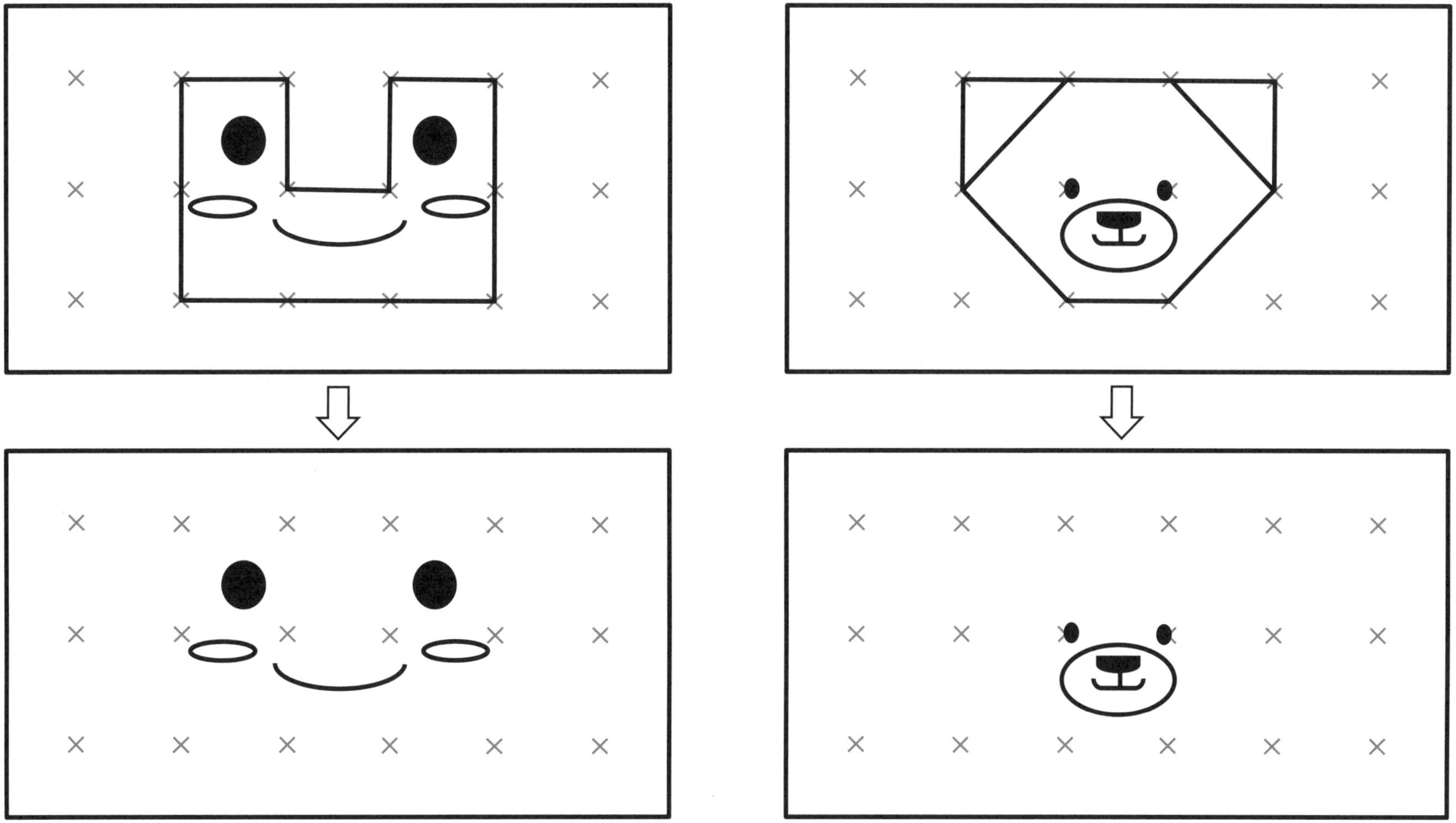

コグトレ

点《てん》つなぎ ②-3

年《ねん》　月《がつ》　日《にち》　名前《なまえ》（　　　　　）

上《うえ》の絵《え》と同《おな》じように × をつないで下《した》に写《うつ》しましょう。

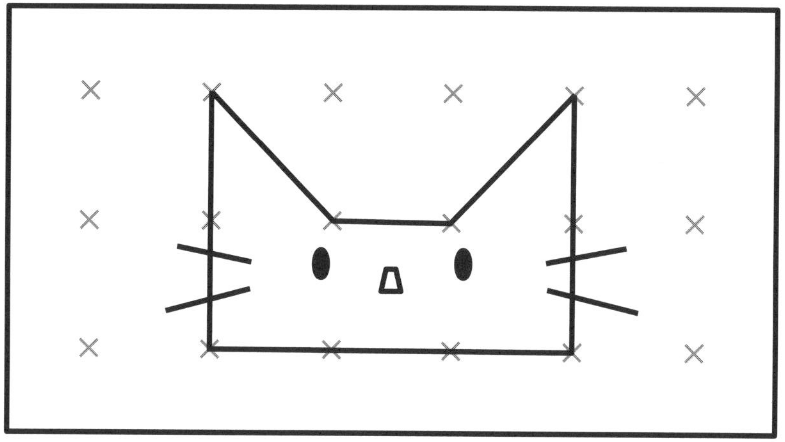

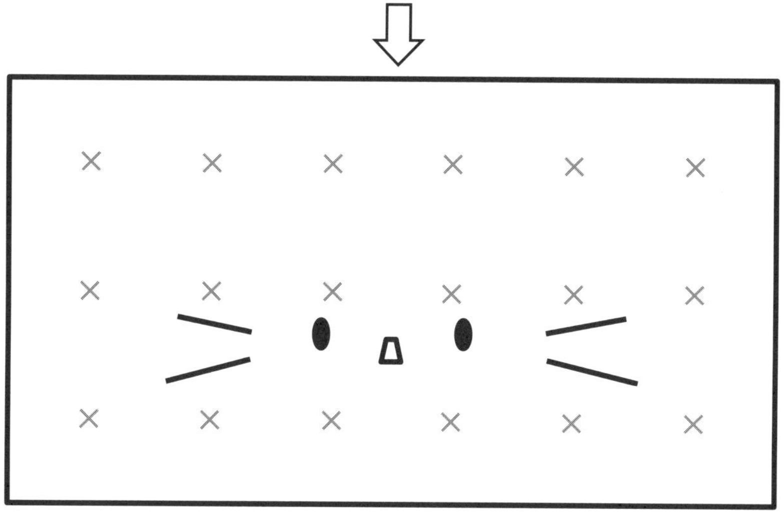

宮口幸治：やさしいコグトレ—認知機能強化トレーニング．三輪書店、2018 より

コグトレ

点《てん》つなぎ ②－4

年《ねん》　月《がつ》　日《にち》　名前《なまえ》（　　　　　　　　）

上《うえ》の絵《え》と同《おな》じように × をつないで下《した》に写《うつ》しましょう。

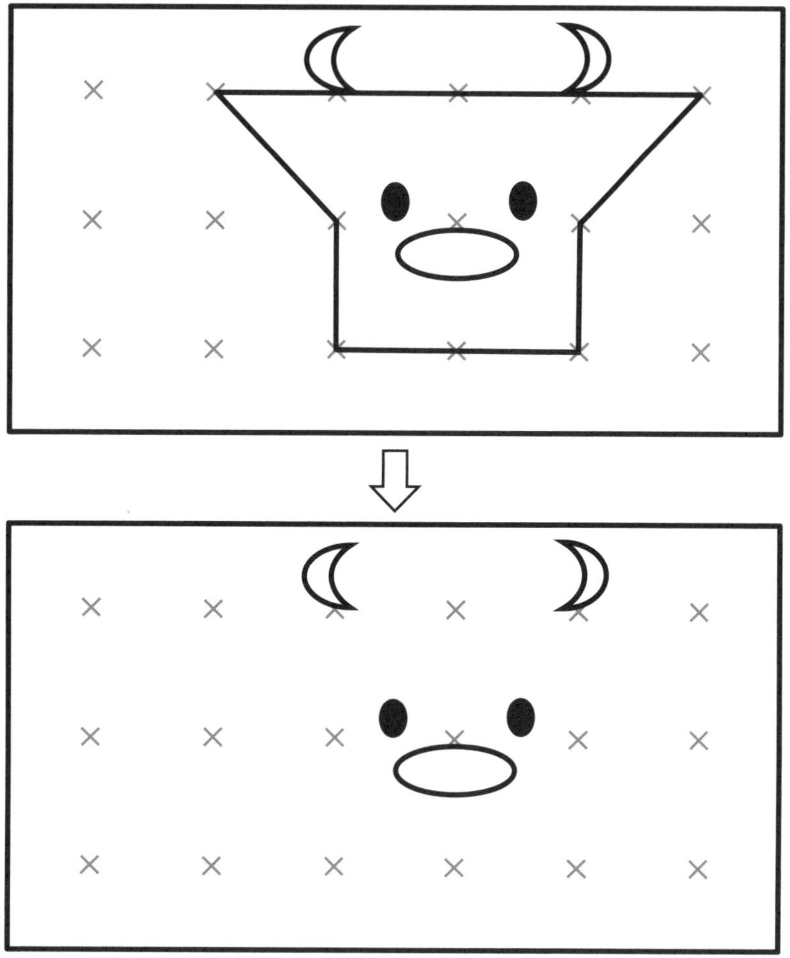

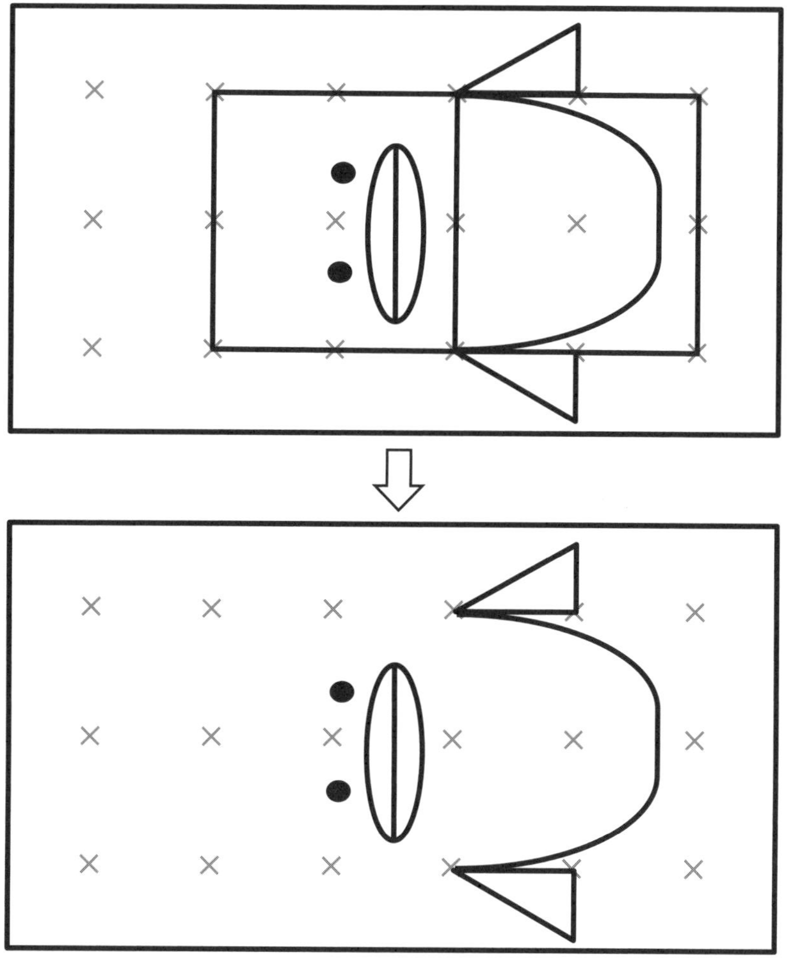

コグトレ

点《てん》つなぎ ②-5

年《ねん》　月《がつ》　日《にち》　名前《なまえ》（　　　　　　）

上《うえ》の絵《え》と同《おな》じように × をつないで下《した》に写《うつ》しましょう。

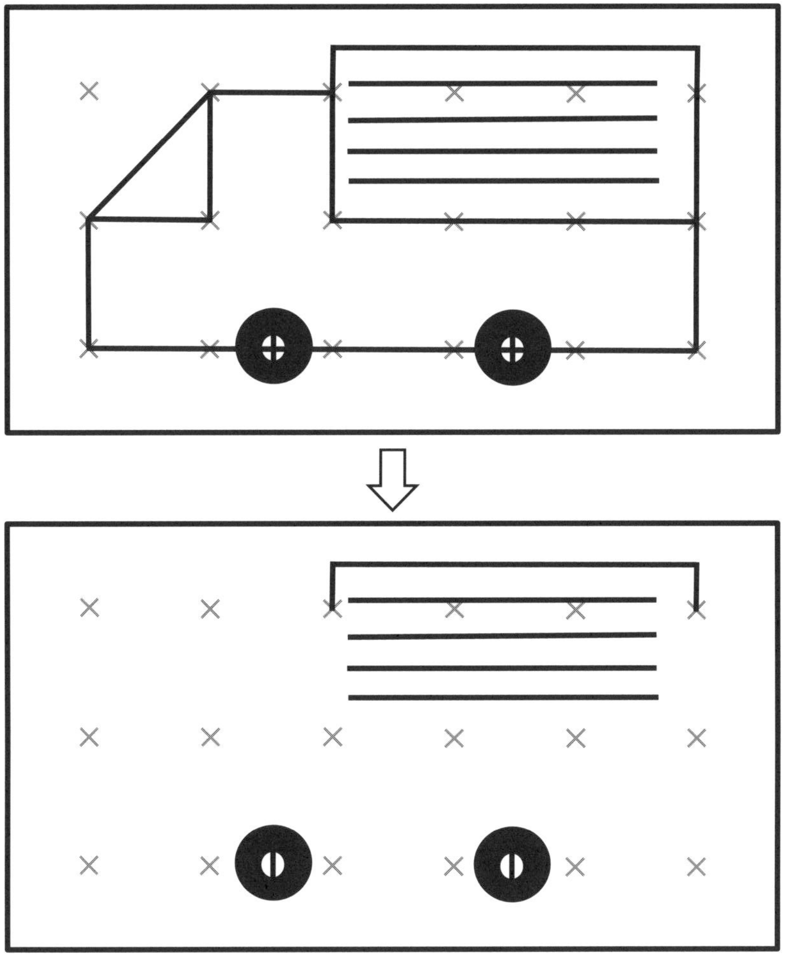

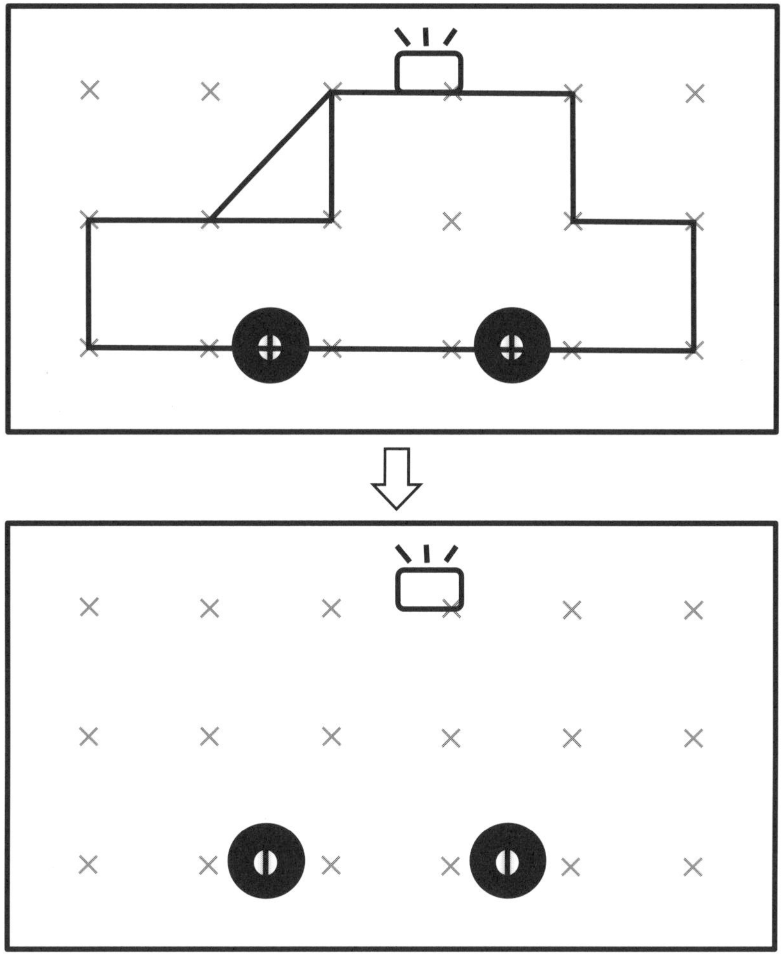

宮口幸治：やさしいコグトレ―認知機能強化トレーニング．三輪書店、2018より

コグトレ

点《てん》つなぎ ②-6

年《ねん》　月《がつ》　日《にち》　名前《なまえ》（　　　　　　　　　　）

上《うえ》の絵《え》と同《おな》じように × をつないで下《した》に写《うつ》しましょう。

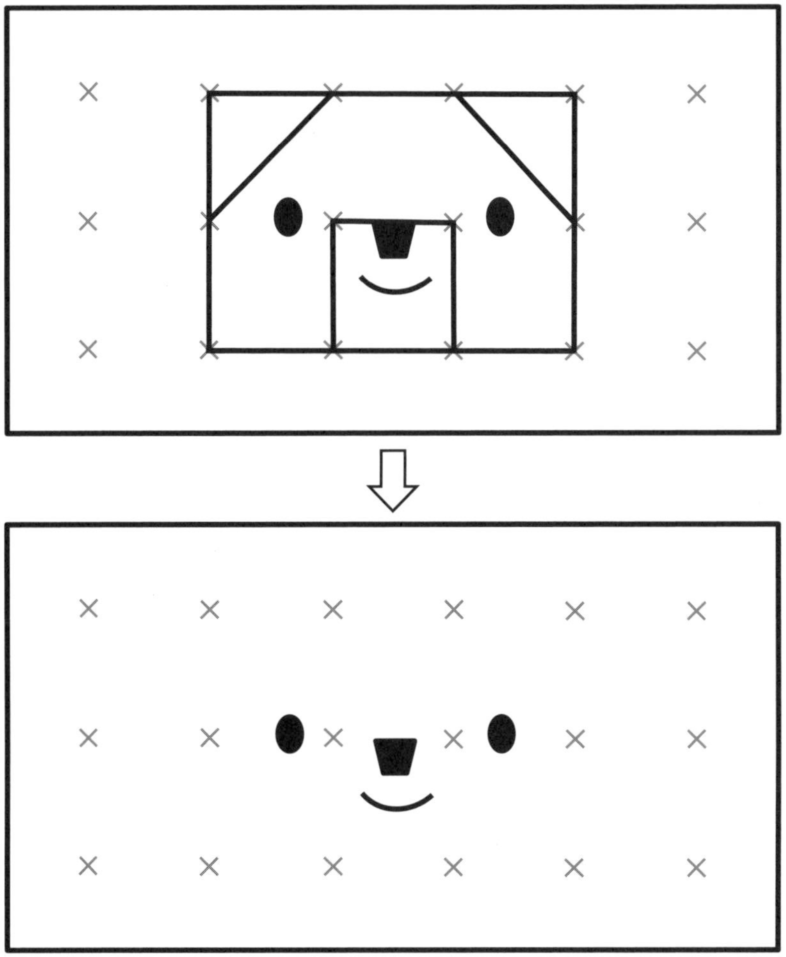

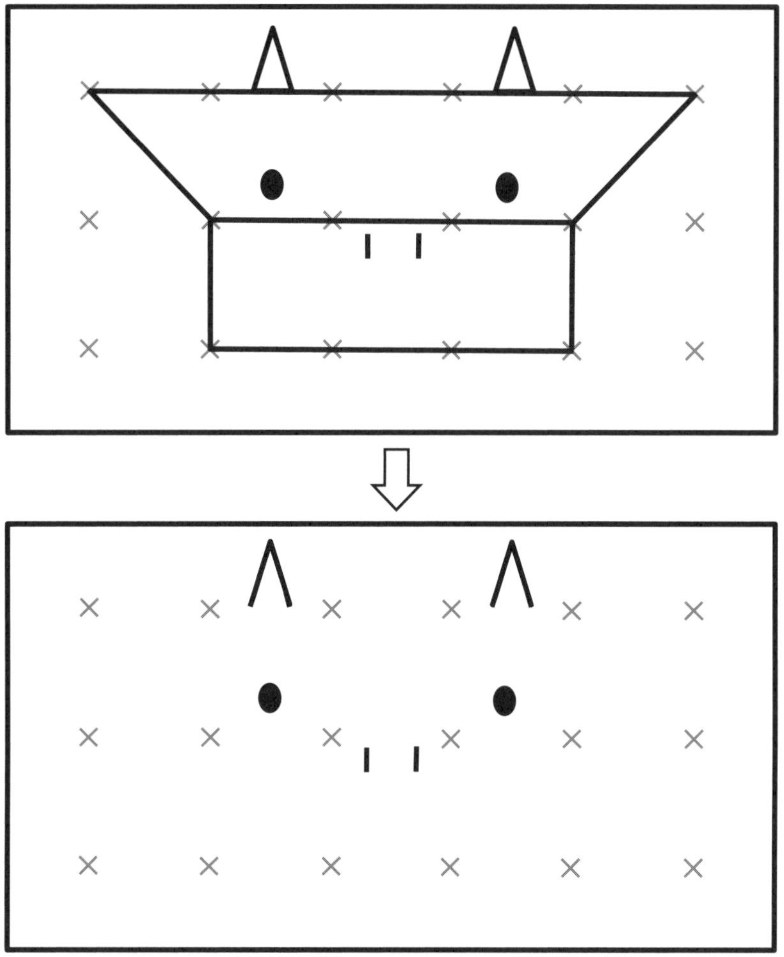

宮口幸治：やさしいコグトレ―認知機能強化トレーニング．三輪書店、2018 より

点《てん》つなぎ　② - 7

年《ねん》　　月《がつ》　　日《にち》　名前《なまえ》（　　　　　　　　　　）

上《うえ》の絵《え》と同《おな》じように × をつないで下《した》に写《うつ》しましょう。

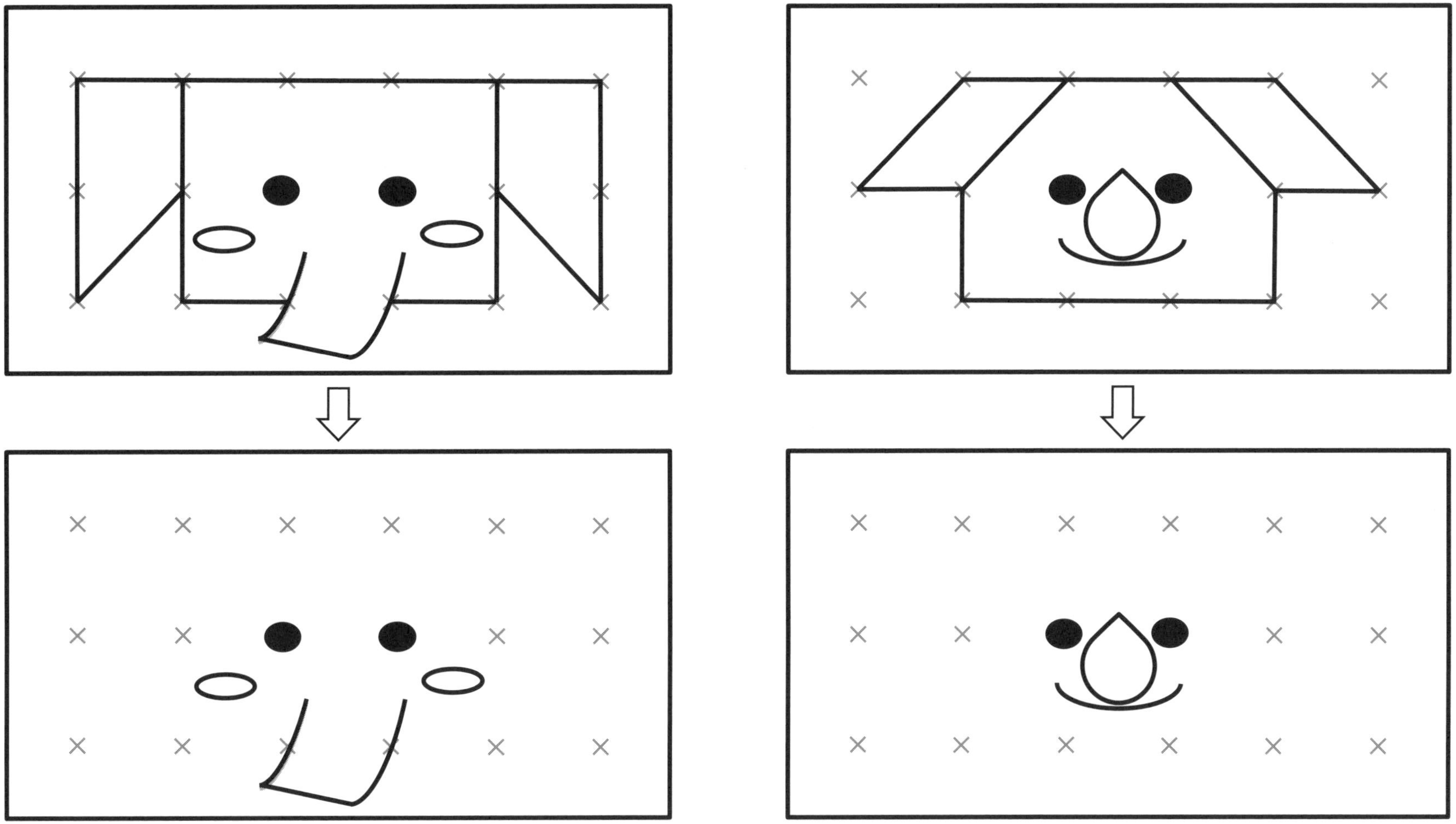

宮口幸治：やさしいコグトレ―認知機能強化トレーニング．三輪書店、2018 より

コグトレ

点《てん》つなぎ ②-8

年《ねん》　月《がつ》　日《にち》　名前《なまえ》（　　　　　　）

上《うえ》の絵《え》と同《おな》じように × をつないで下《した》に写《うつ》しましょう。

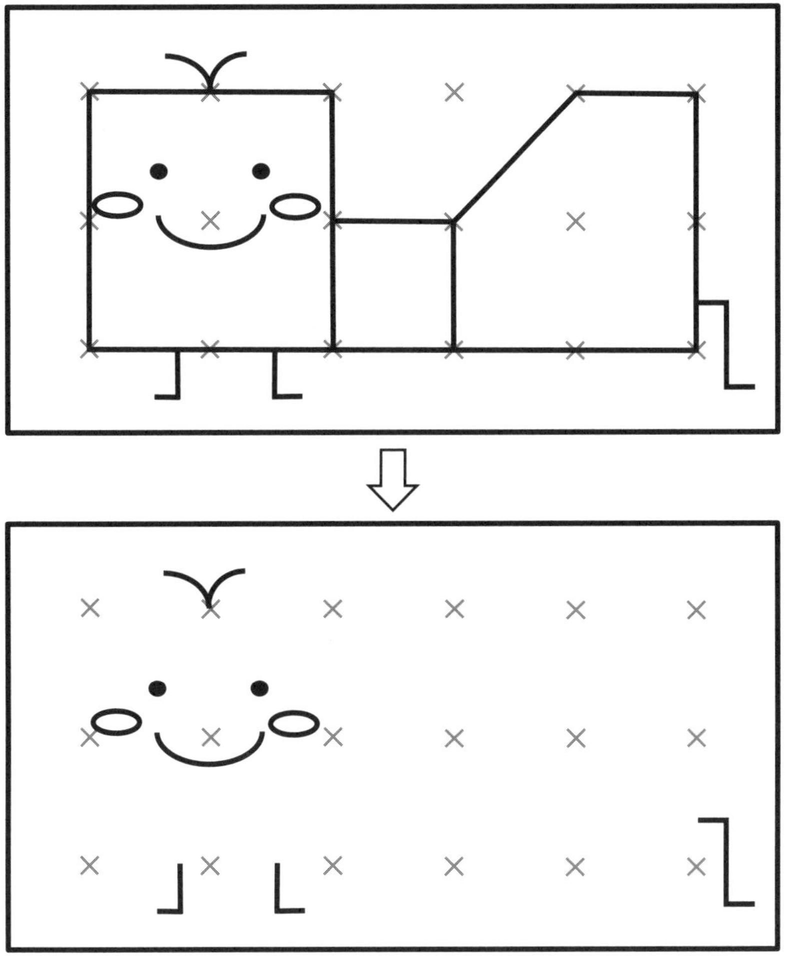

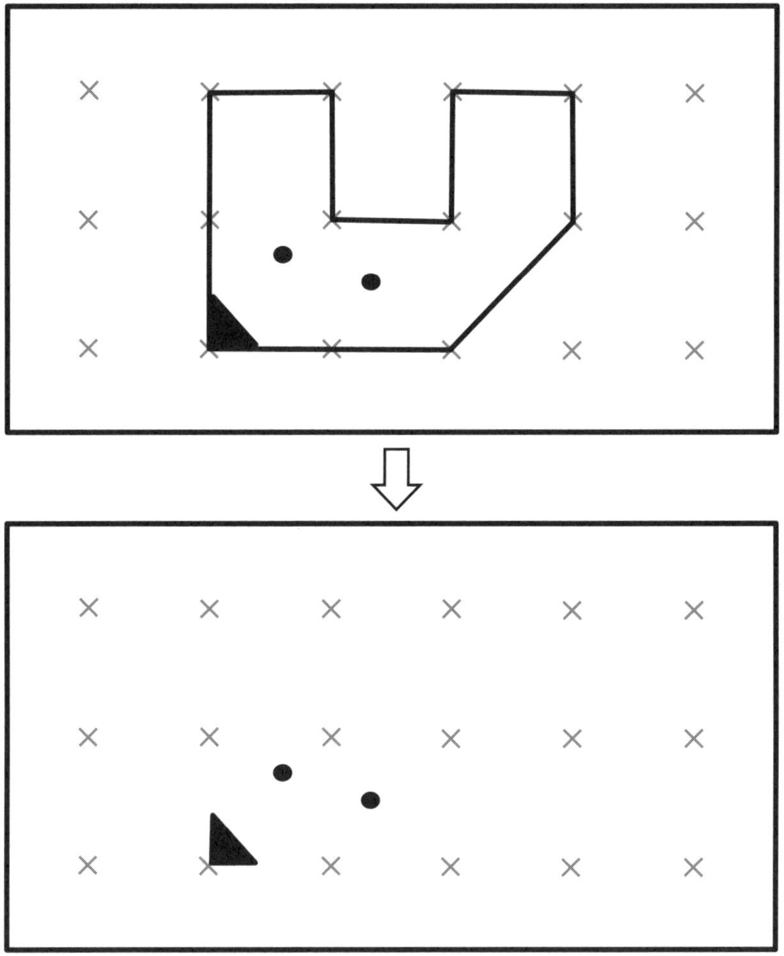

宮口幸治：やさしいコグトレ―認知機能強化トレーニング．三輪書店、2018 より

点《てん》つなぎ ②-9

年《ねん》　月《がつ》　日《にち》 名前《なまえ》（　　　　　　）

上《うえ》の絵《え》と同《おな》じように × をつないで下《した》に写《うつ》しましょう。

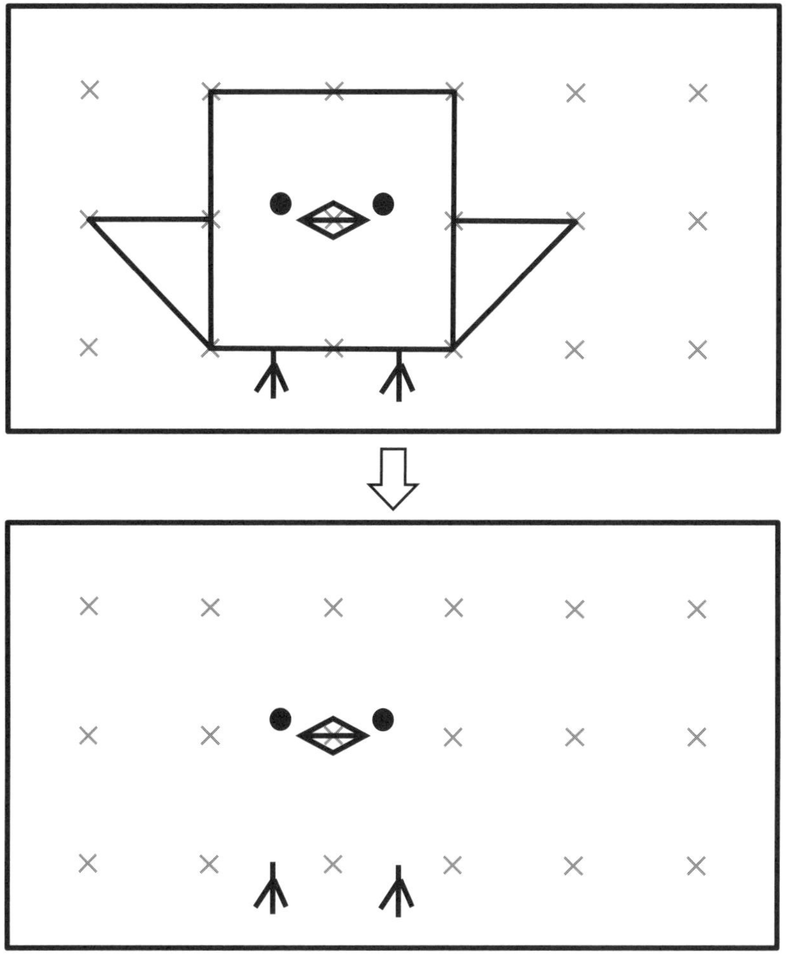

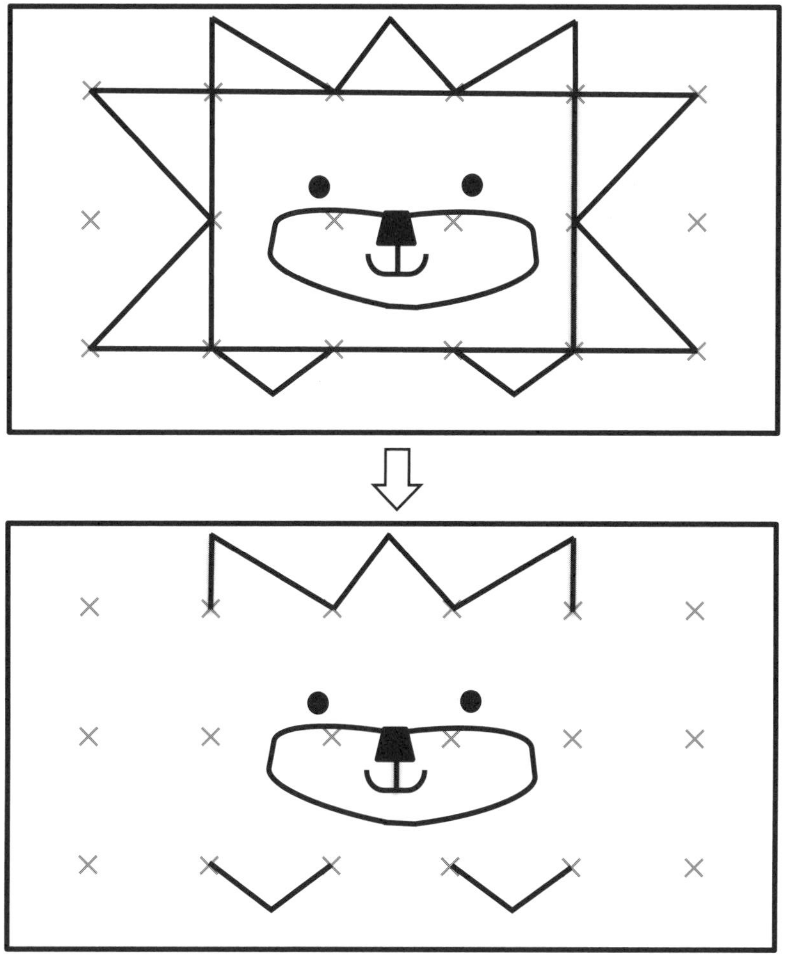

宮口幸治：やさしいコグトレ—認知機能強化トレーニング．三輪書店、2018 より

コグトレ

点《てん》つなぎ ② - 10

年《ねん》　月《がつ》　日《にち》　名前《なまえ》（　　　　　）

上《うえ》の絵《え》と同《おな》じように × をつないで下《した》に写《うつ》しましょう。

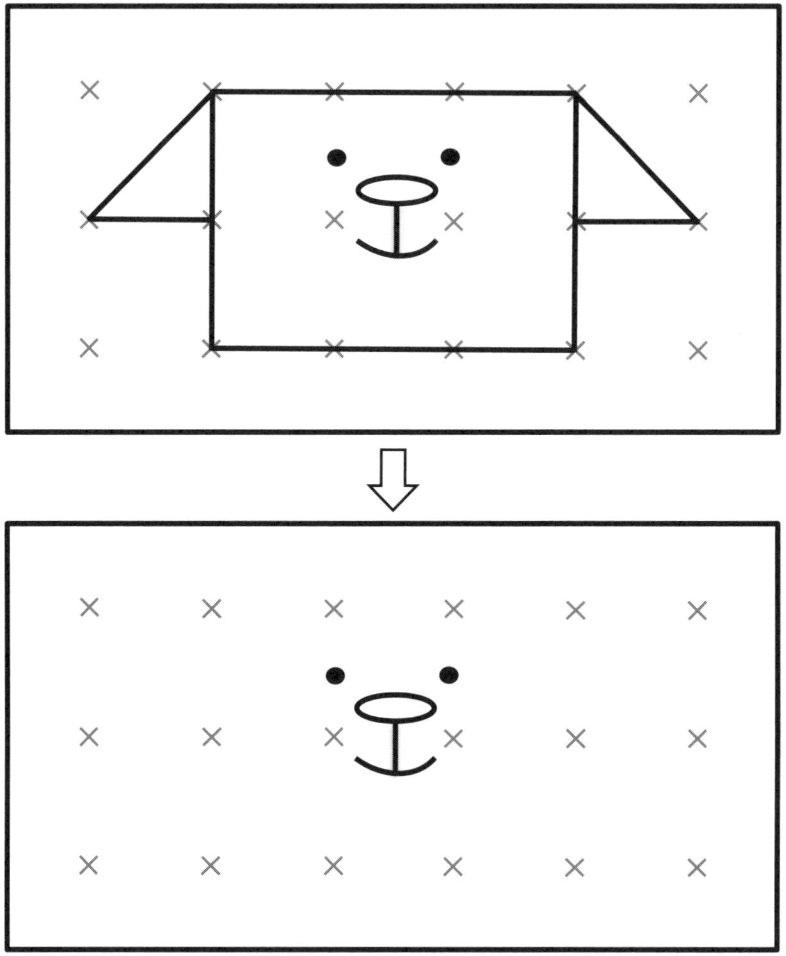

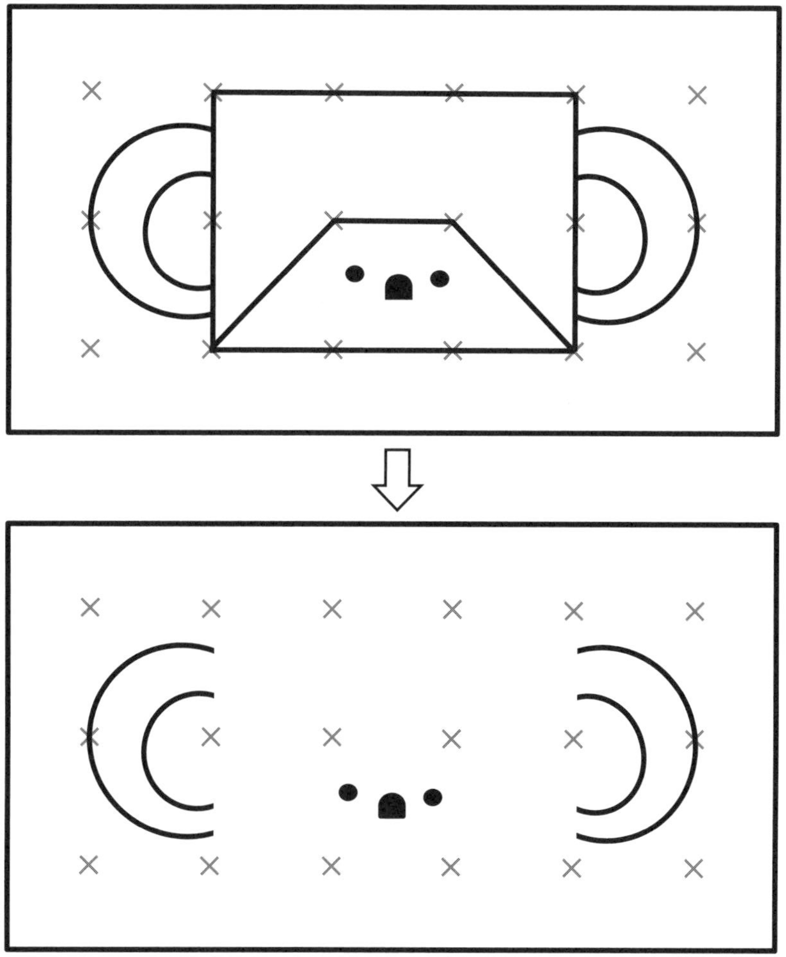

点《てん》つなぎ　②－11

年《ねん》　月《がつ》　日《にち》　名前《なまえ》（　　　　　　）

上《うえ》の絵《え》と同《おな》じように × をつないで下《した》に写《うつ》しましょう。

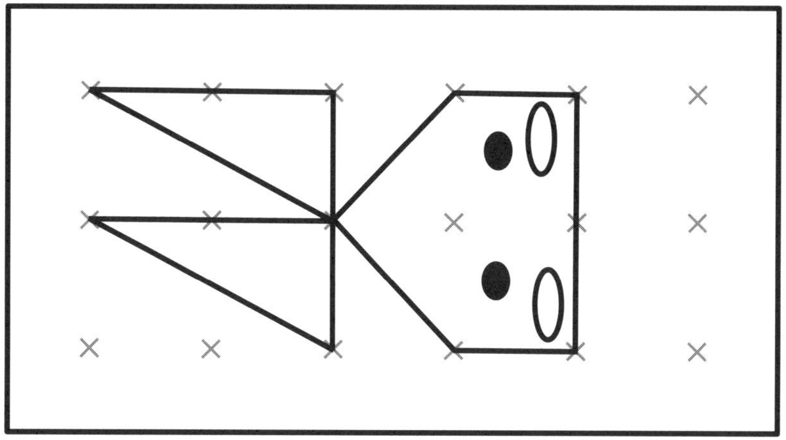

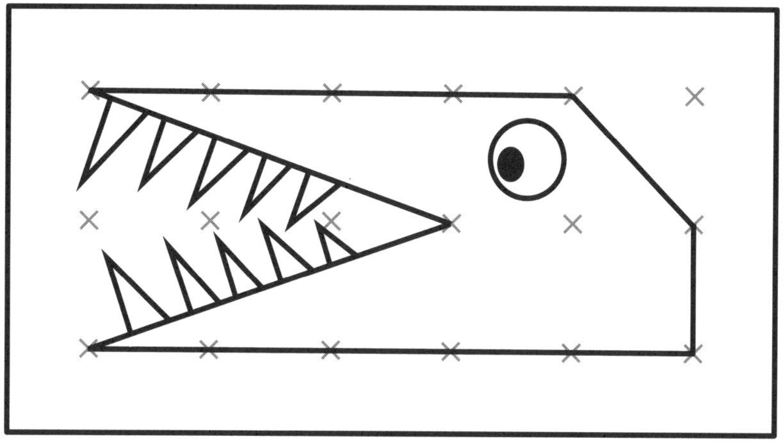

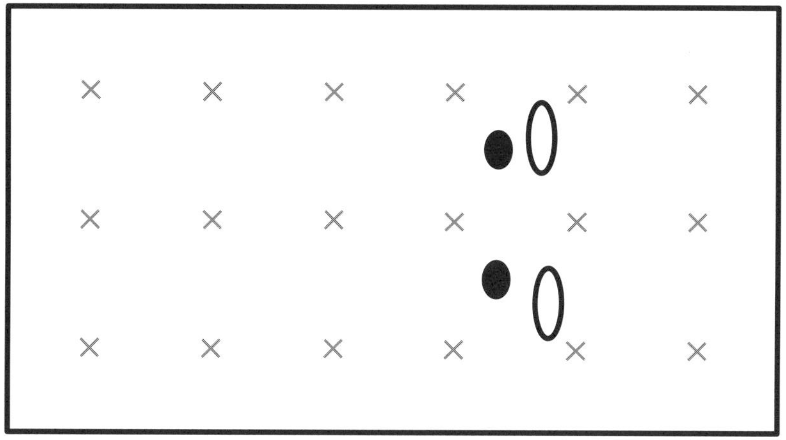

宮口幸治：やさしいコグトレ—認知機能強化トレーニング．三輪書店、2018 より

コグトレ

点《てん》つなぎ ② - 12

年《ねん》　月《がつ》　日《にち》　名前《なまえ》（　　　　　　）

上《うえ》の絵《え》と同《おな》じように × をつないで下《した》に写《うつ》しましょう。

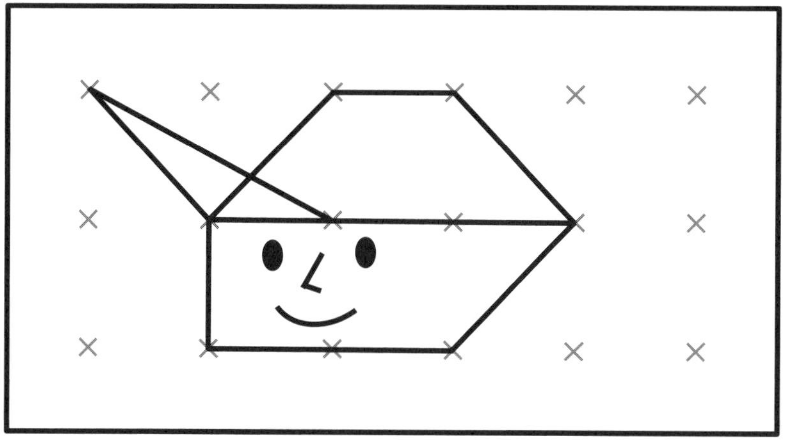

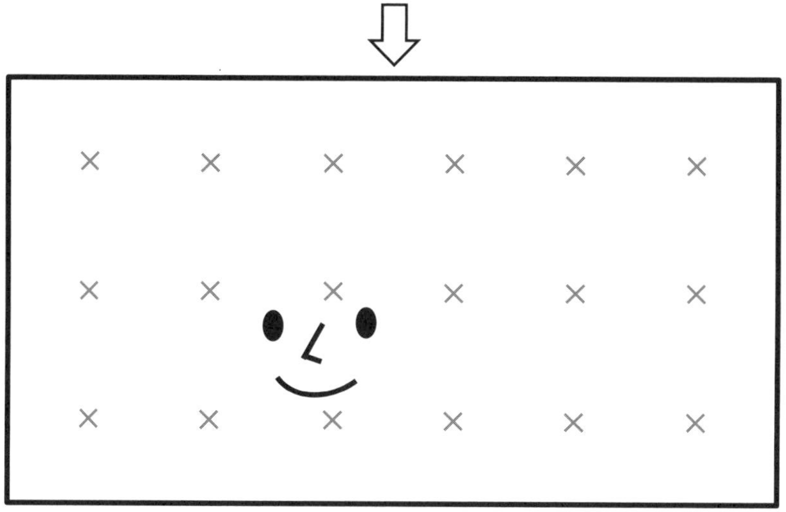

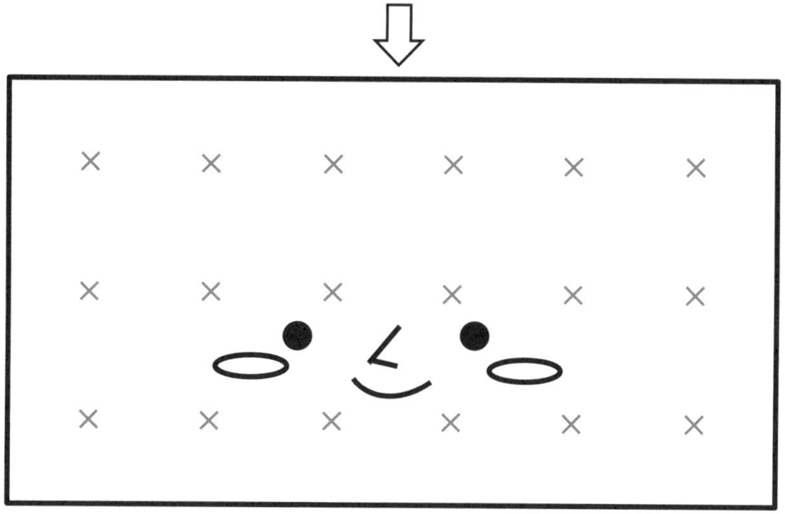

宮口幸治：やさしいコグトレ―認知機能強化トレーニング．三輪書店、2018 より

コグトレ

点《てん》つなぎ ②-13

年《ねん》　月《がつ》　日《にち》　名前《なまえ》（　　　　　　　　）

上《うえ》の絵《え》と同《おな》じように × をつないで下《した》に写《うつ》しましょう。

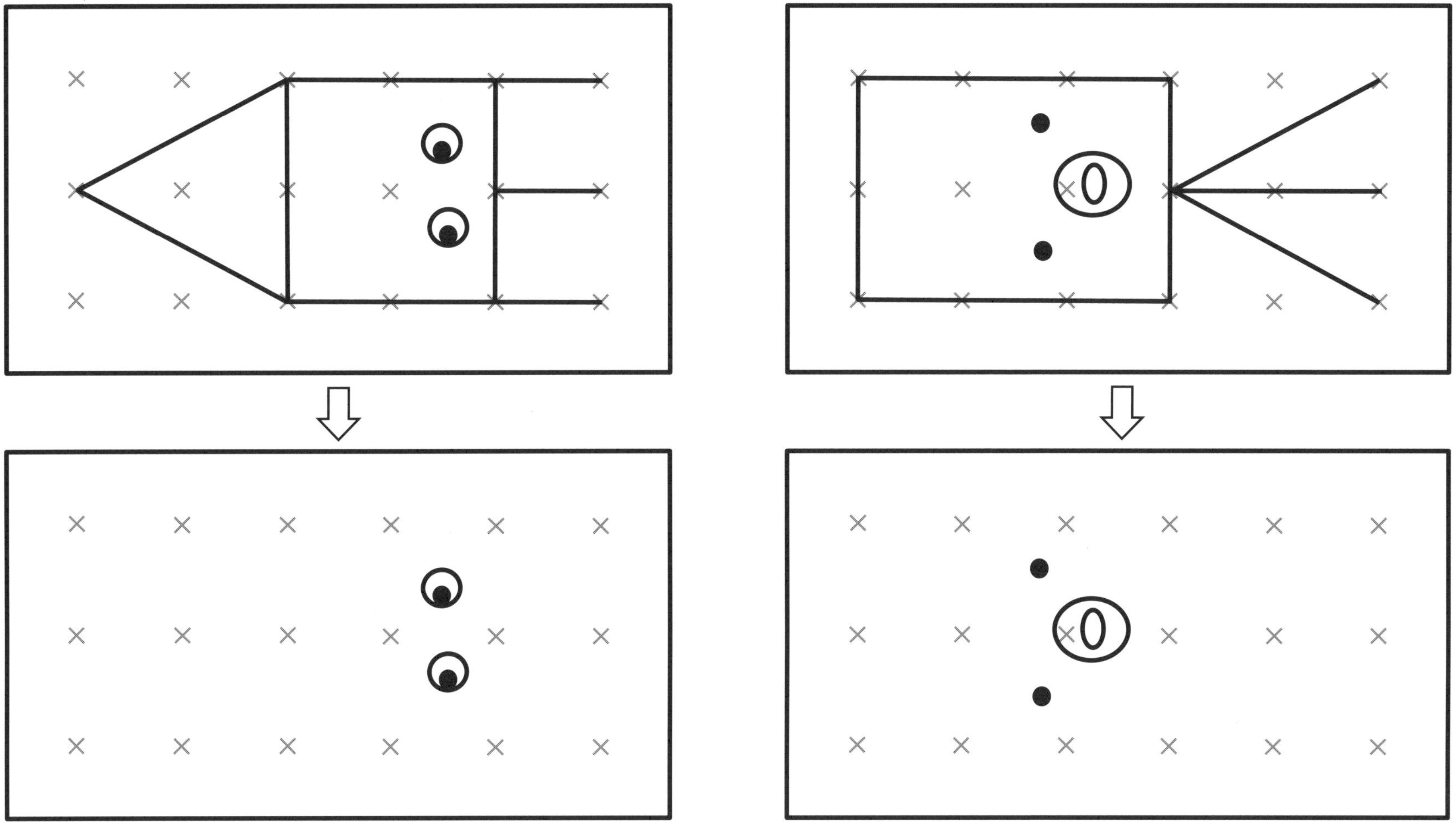

宮口幸治：やさしいコグトレ─認知機能強化トレーニング．三輪書店、2018 より

コグトレ

点《てん》つなぎ ②－14

年《ねん》　月《がつ》　日《にち》　名前《なまえ》（　　　　　　　　）

上《うえ》の絵《え》と同《おな》じように × をつないで下《した》に写《うつ》しましょう。

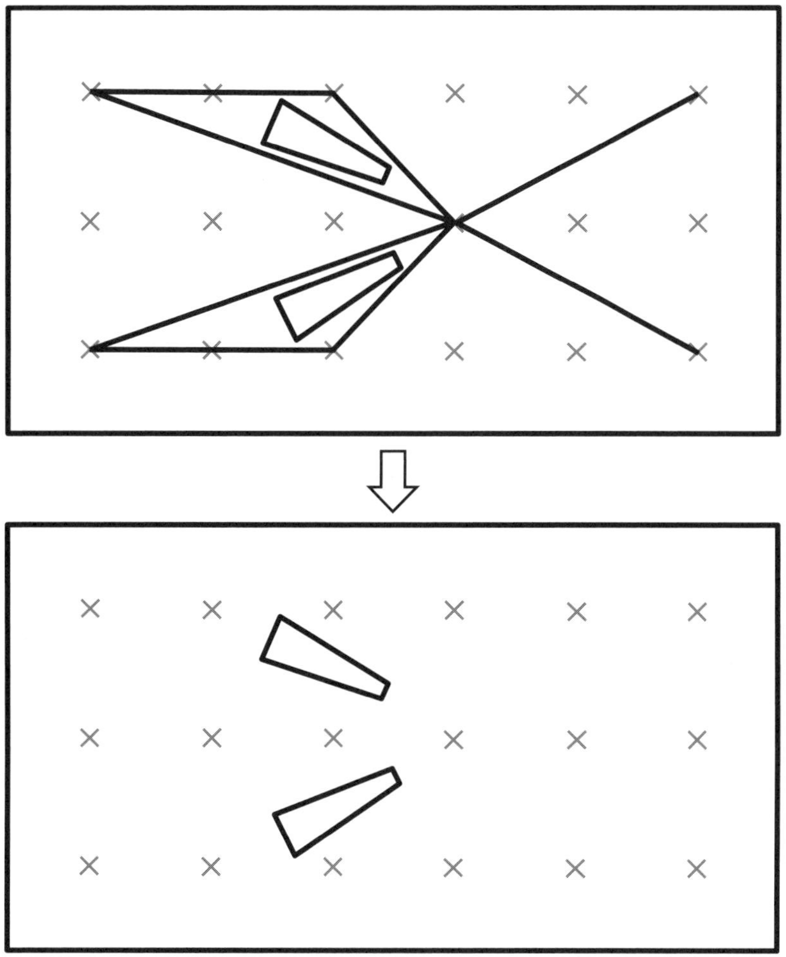

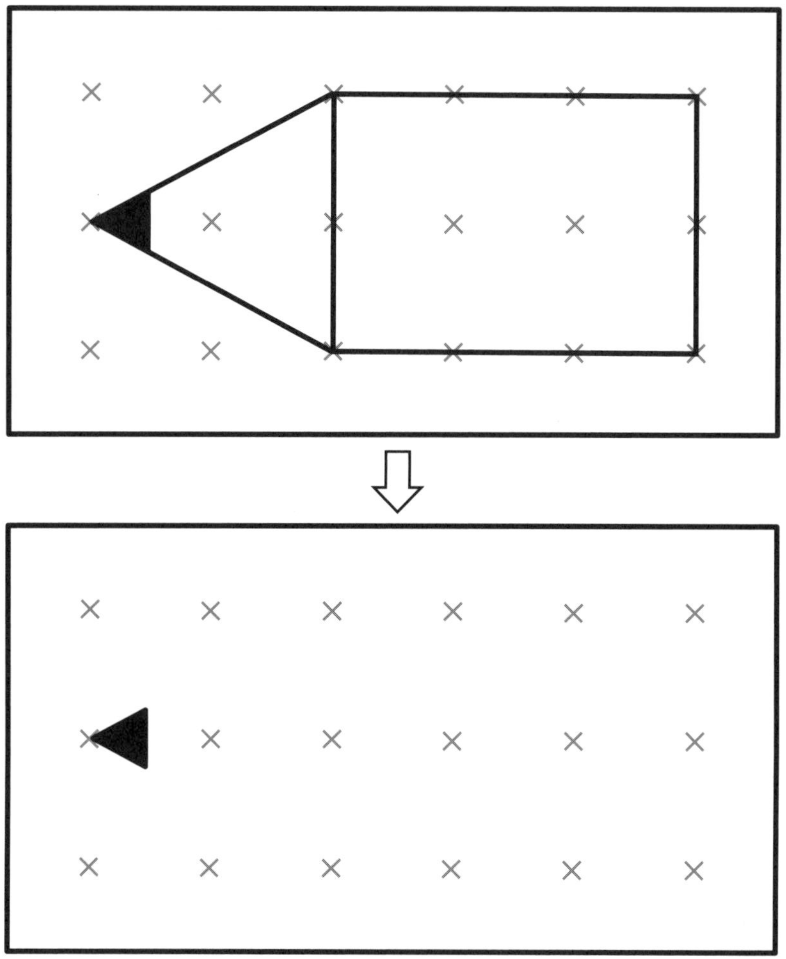

宮口幸治：やさしいコグトレ─認知機能強化トレーニング．三輪書店、2018 より

コグトレ

点《てん》つなぎ ②-15

年《ねん》　月《がつ》　日《にち》　名前《なまえ》（　　　　　　　　）

上《うえ》の絵《え》と同《おな》じように × をつないで下《した》に写《うつ》しましょう。

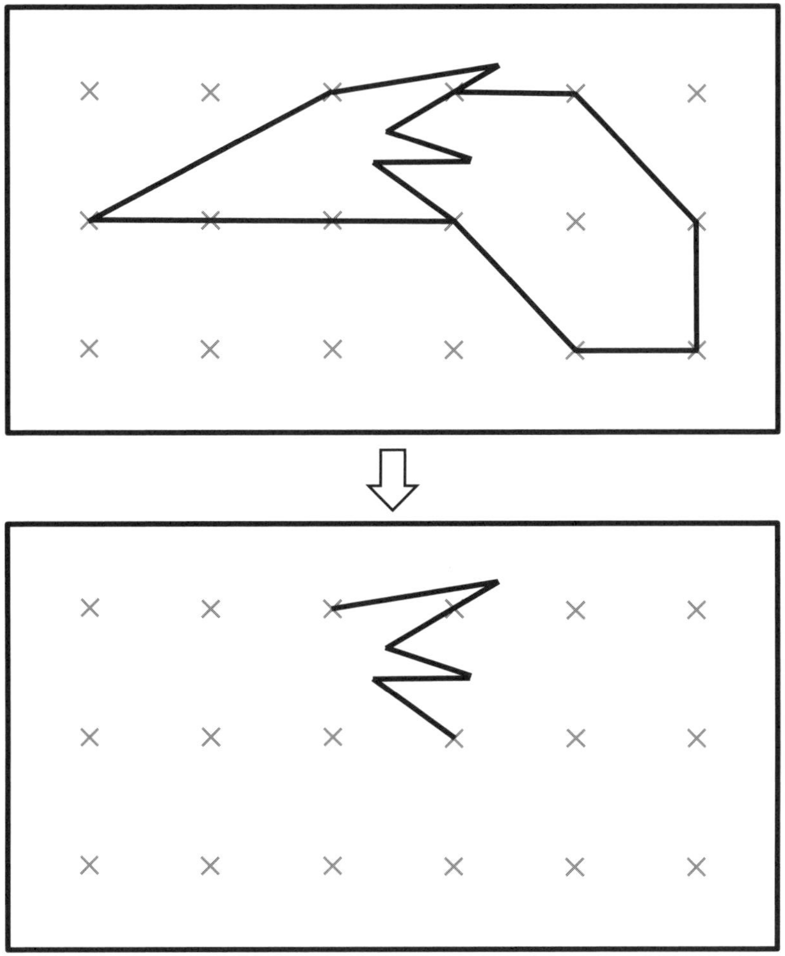

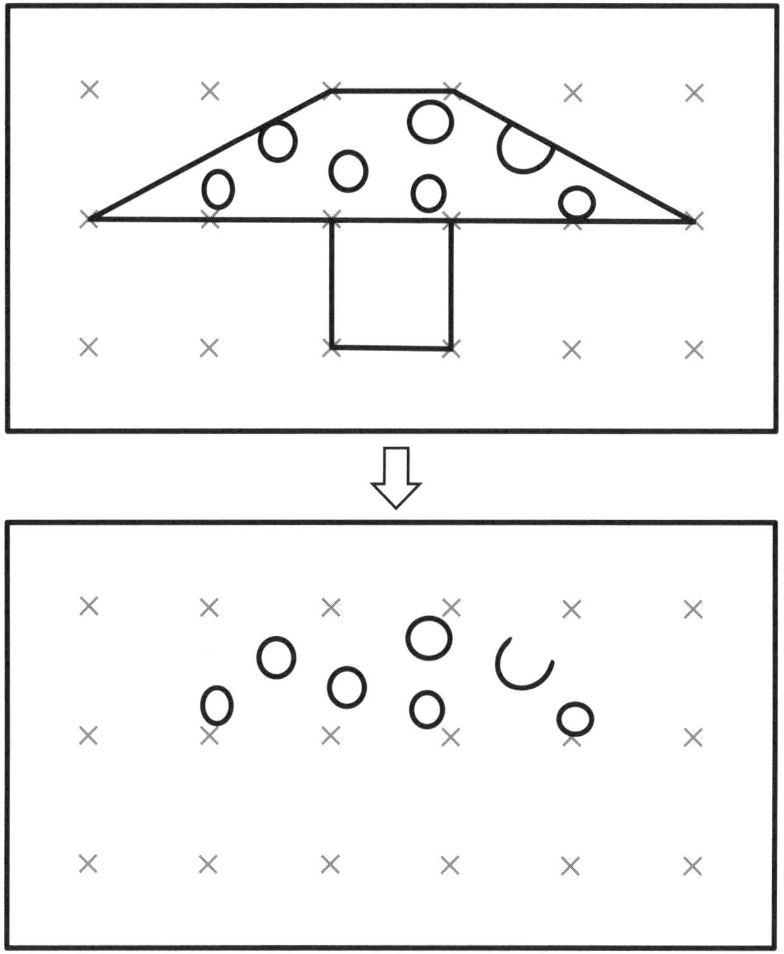

宮口幸治：やさしいコグトレ―認知機能強化トレーニング．三輪書店、2018 より

コグトレ

点《てん》つなぎ　②－16

年《ねん》　　月《がつ》　　日《にち》　名前《なまえ》（　　　　　　　　　　）

上《うえ》の絵《え》と同《おな》じように × をつないで下《した》に写《うつ》しましょう。

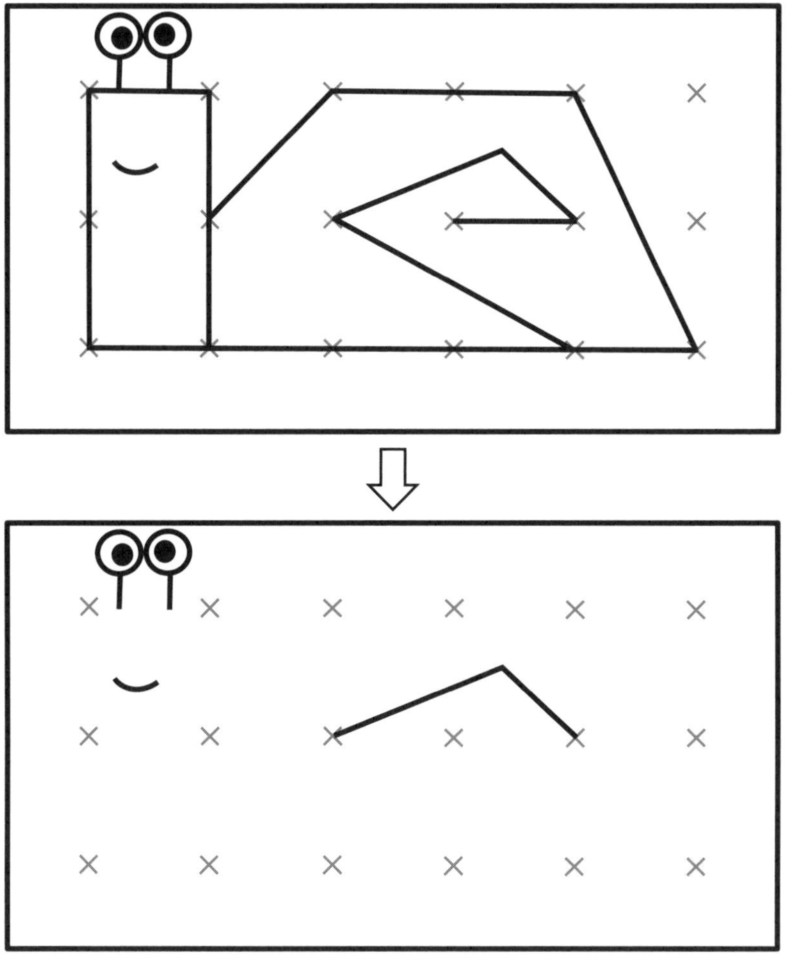

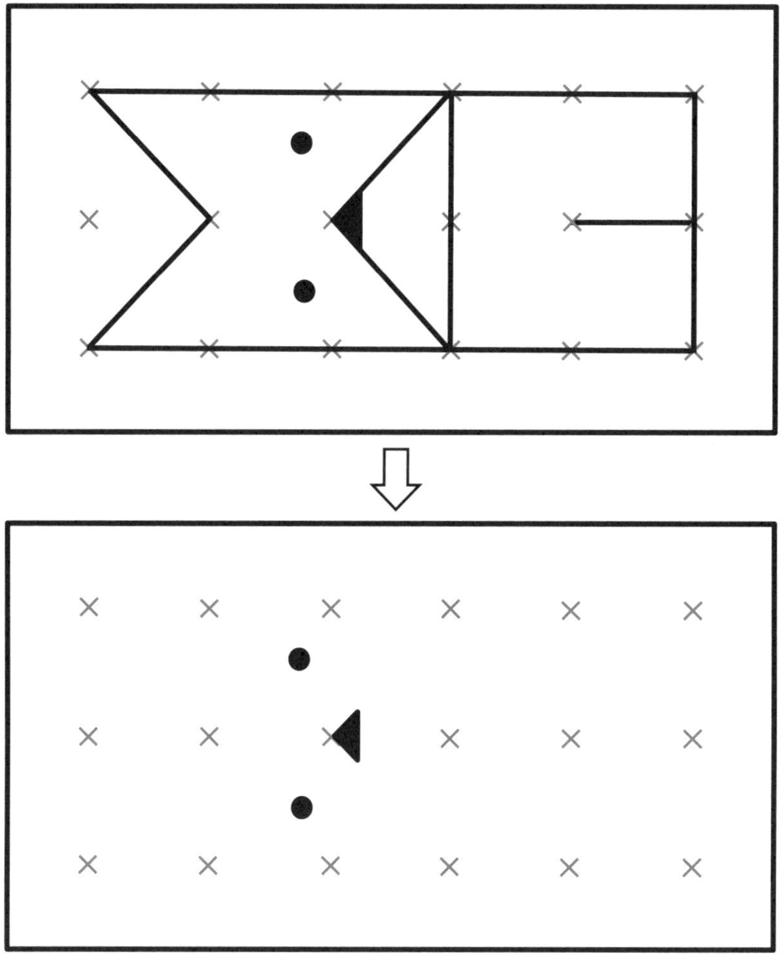

宮口幸治：やさしいコグトレ―認知機能強化トレーニング．三輪書店、2018 より

コグトレ

点《てん》つなぎ ② - 17

年《ねん》　月《がつ》　日《にち》 名前《なまえ》(　　　　　　　　)

上《うえ》の絵《え》と同《おな》じように × をつないで下《した》に写《うつ》しましょう。

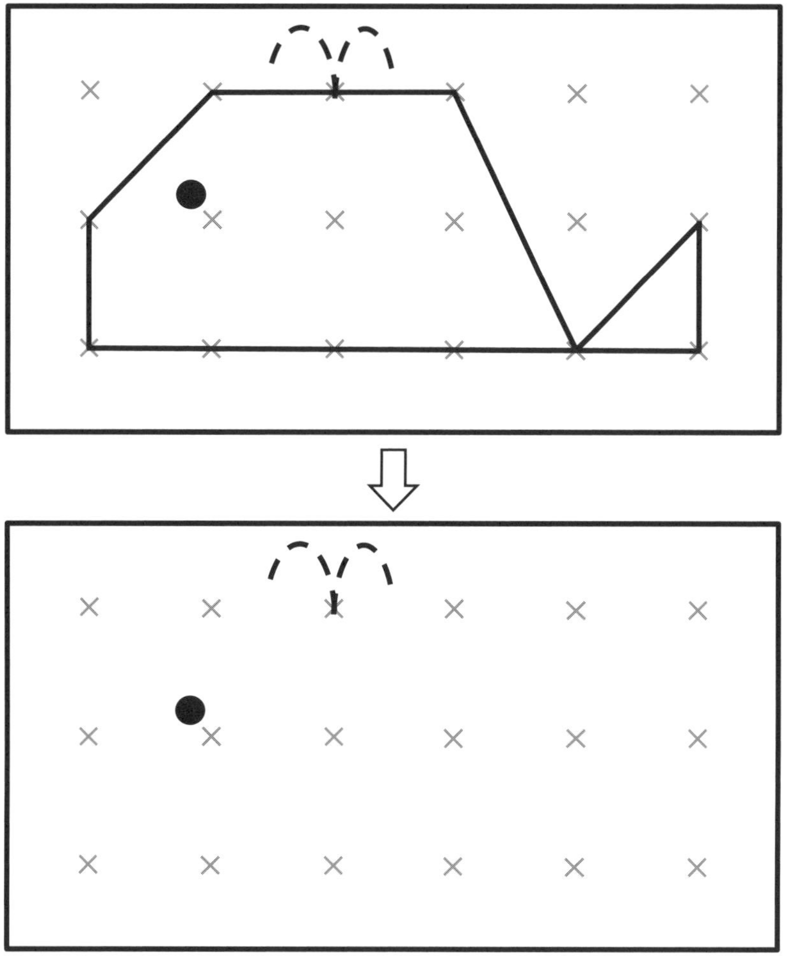

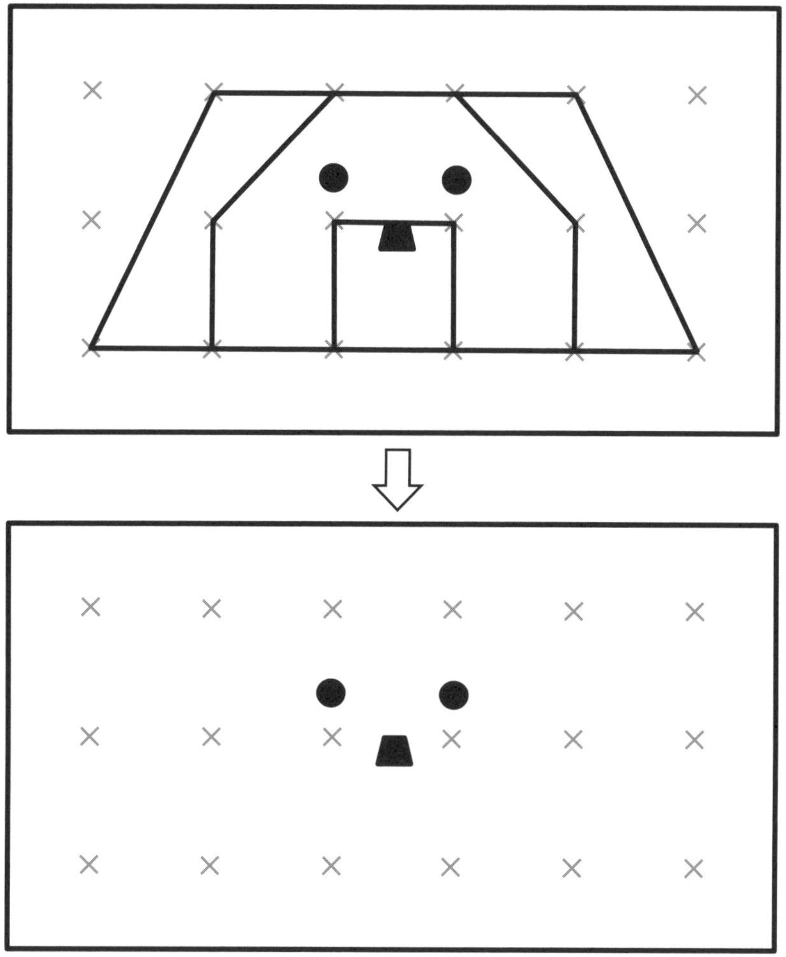

宮口幸治：やさしいコグトレ―認知機能強化トレーニング．三輪書店、2018 より

点《てん》つなぎ ②-18

年《ねん》　月《がつ》　日《にち》　名前《なまえ》(　　　　　　)

上《うえ》の絵《え》と同《おな》じように × をつないで下《した》に写《うつ》しましょう。

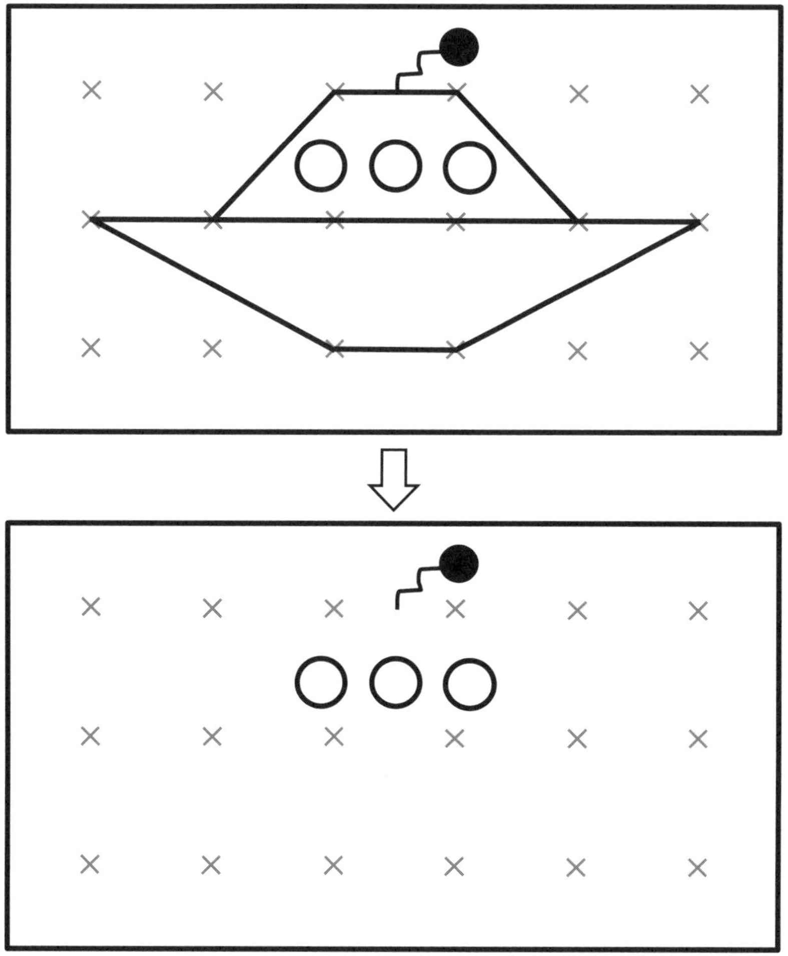

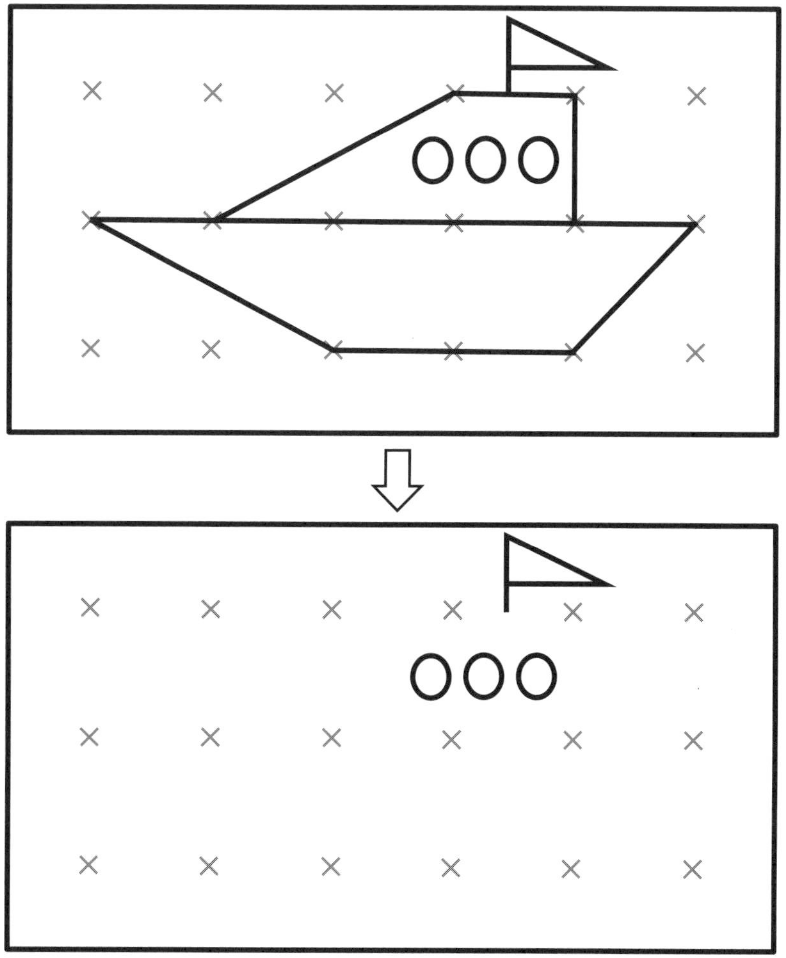

宮口幸治：やさしいコグトレ―認知機能強化トレーニング．三輪書店、2018 より

コグトレ

点《てん》つなぎ ② - 19

年《ねん》　月《がつ》　日《にち》　名前《なまえ》（　　　　　　　　）

上《うえ》の絵《え》と同《おな》じように × をつないで下《した》に写《うつ》しましょう。

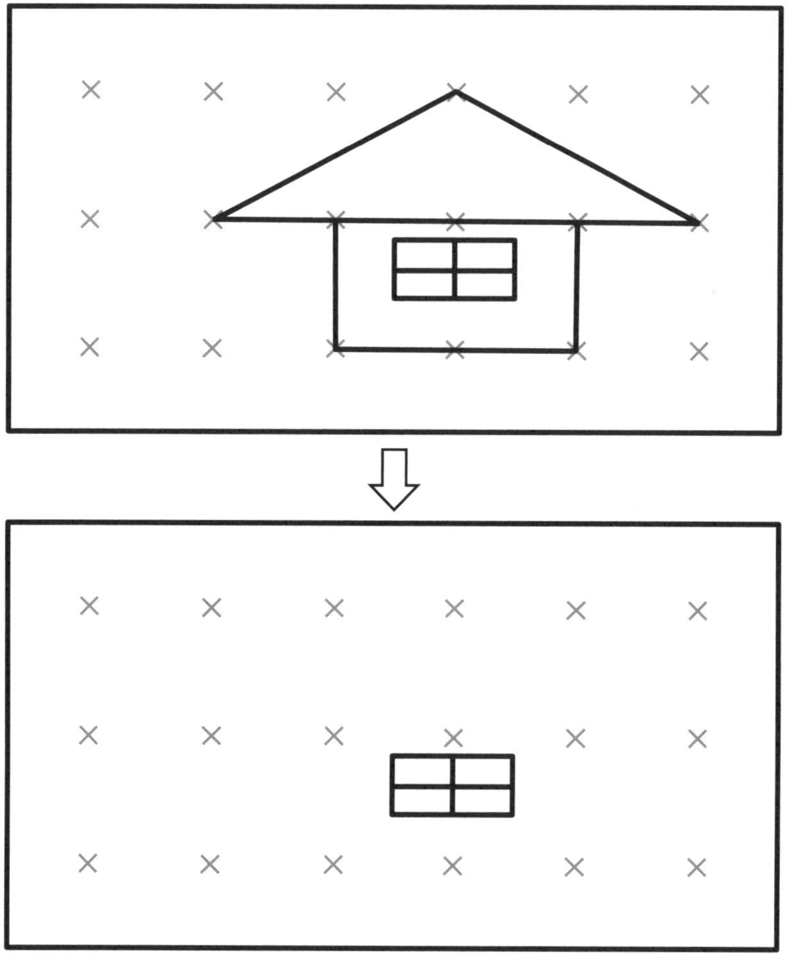

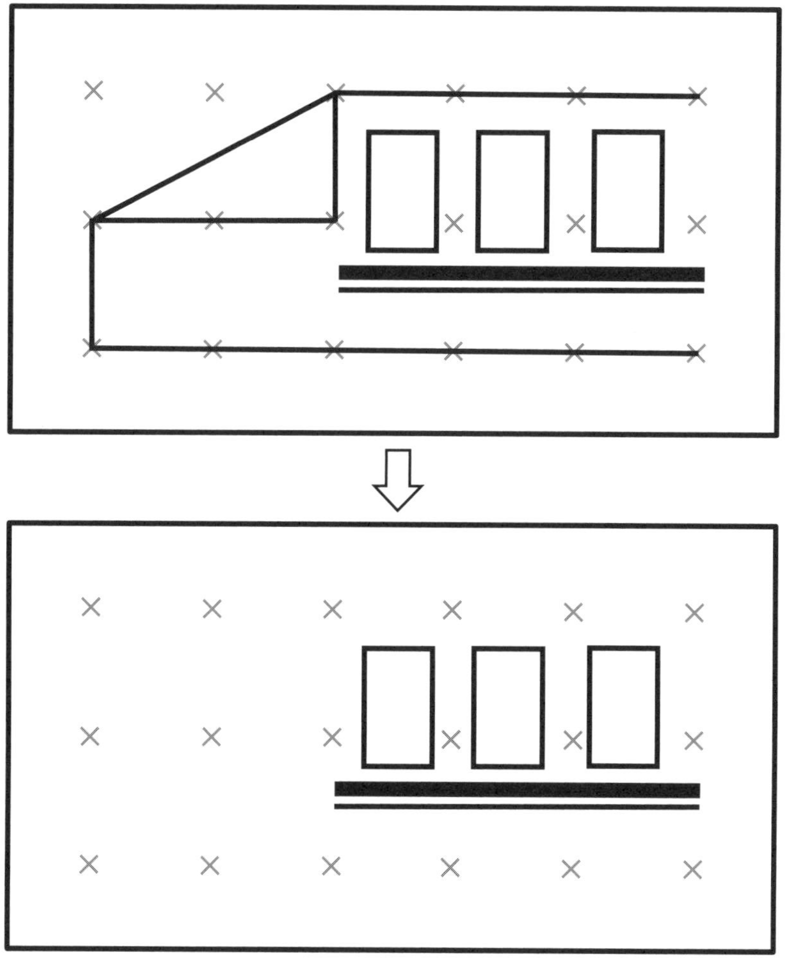

宮口幸治：やさしいコグトレ—認知機能強化トレーニング．三輪書店、2018 より

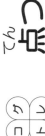

コグトレ

点《てん》つなぎ ②-20

年《ねん》　月《がつ》　日《にち》　名前《なまえ》（　　　　　　　　）

上《うえ》の絵《え》と同《おな》じように × をつないで下《した》に写《うつ》しましょう。

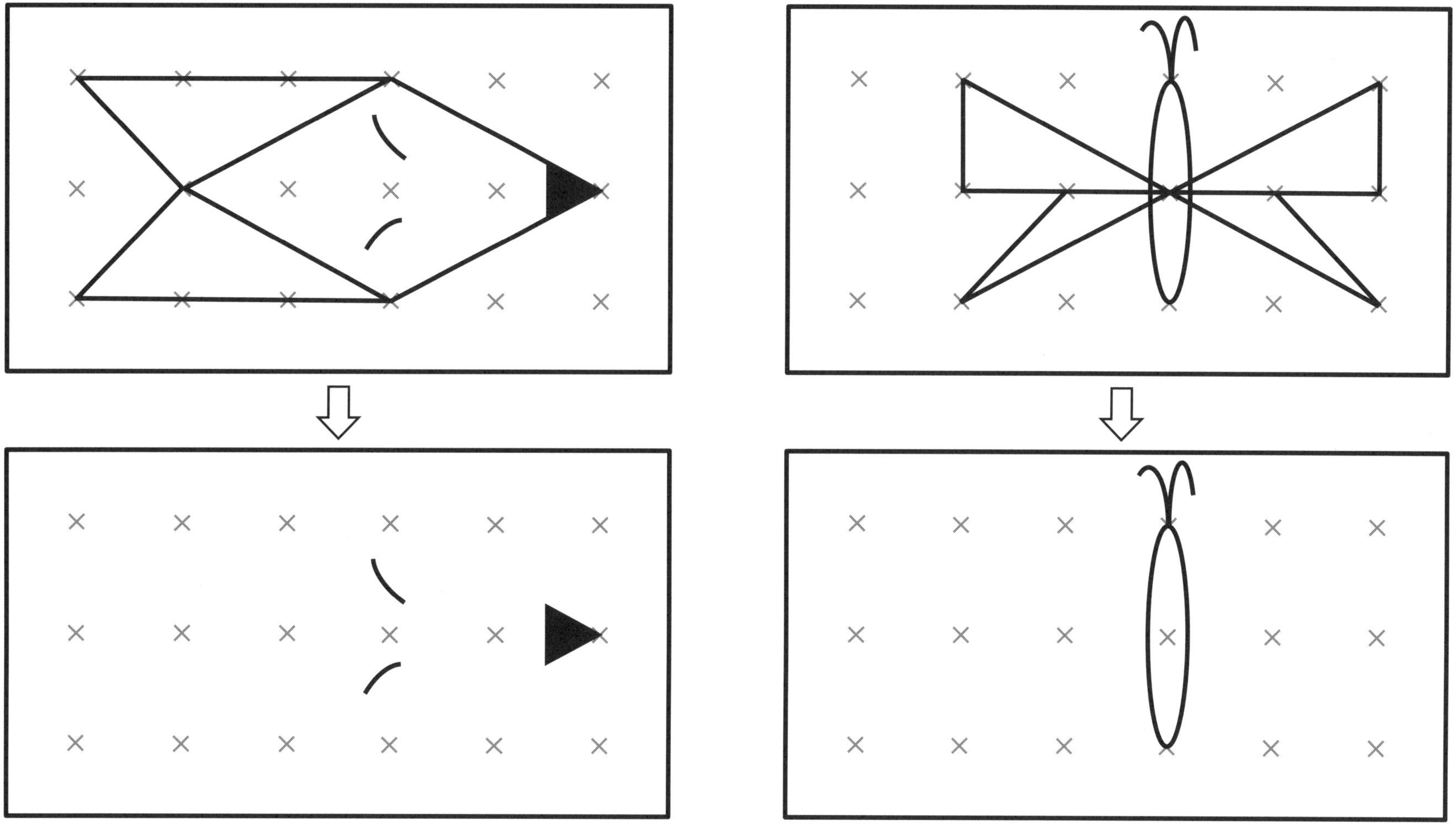

宮口幸治：やさしいコグトレ—認知機能強化トレーニング．三輪書店、2018 より

コグトレ

点《てん》つなぎ ②-21

年《ねん》　月《がつ》　日《にち》　名前《なまえ》(　　　　　　)

上《うえ》の絵《え》と同《おな》じように × をつないで下《した》に写《うつ》しましょう。

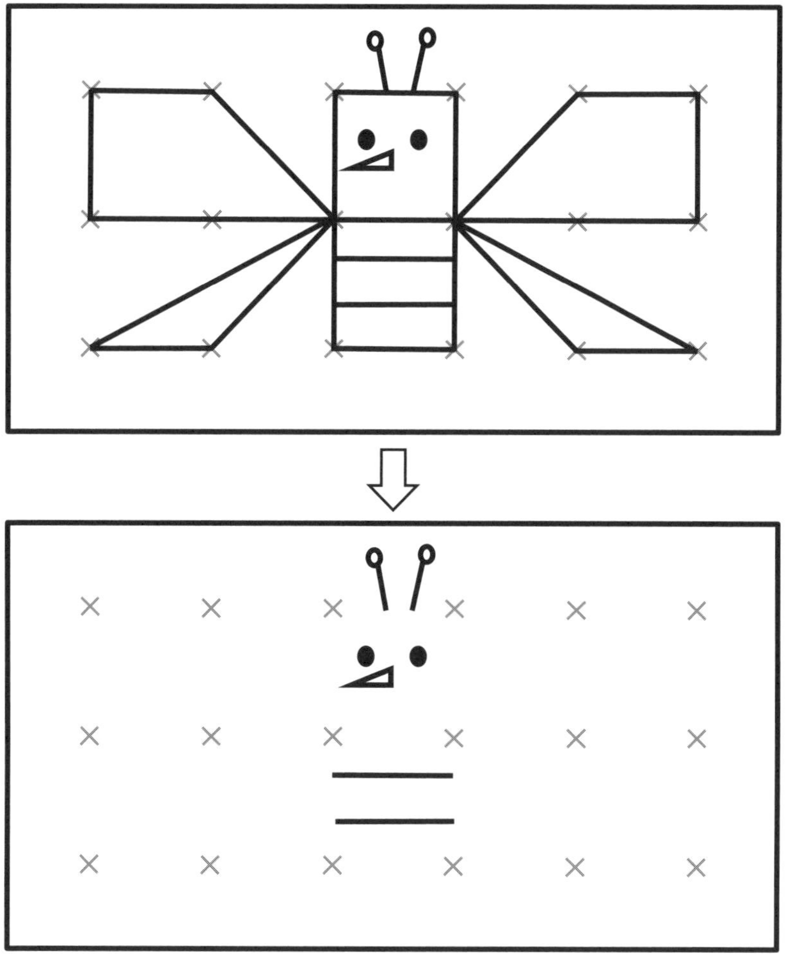

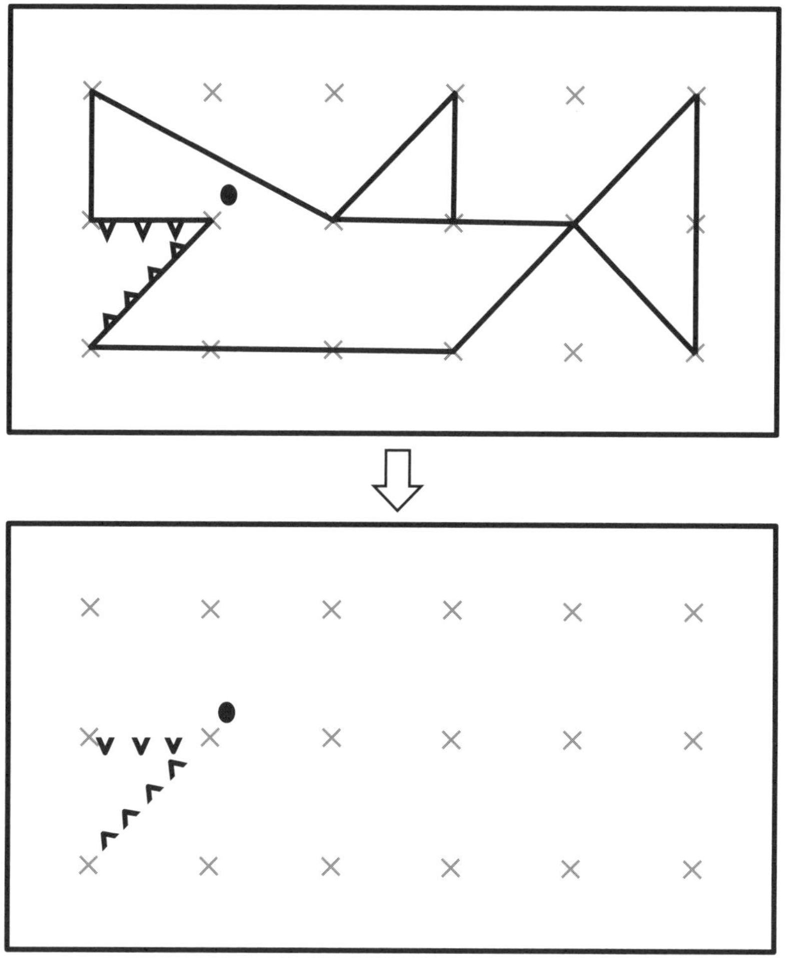

宮口幸治：やさしいコグトレ―認知機能強化トレーニング．三輪書店、2018 より

点《てん》つなぎ ②-22

年《ねん》　月《がつ》　日《にち》 名前《なまえ》（　　　　　　）

上《うえ》の絵《え》と同《おな》じように × をつないで下《した》に写《うつ》しましょう。

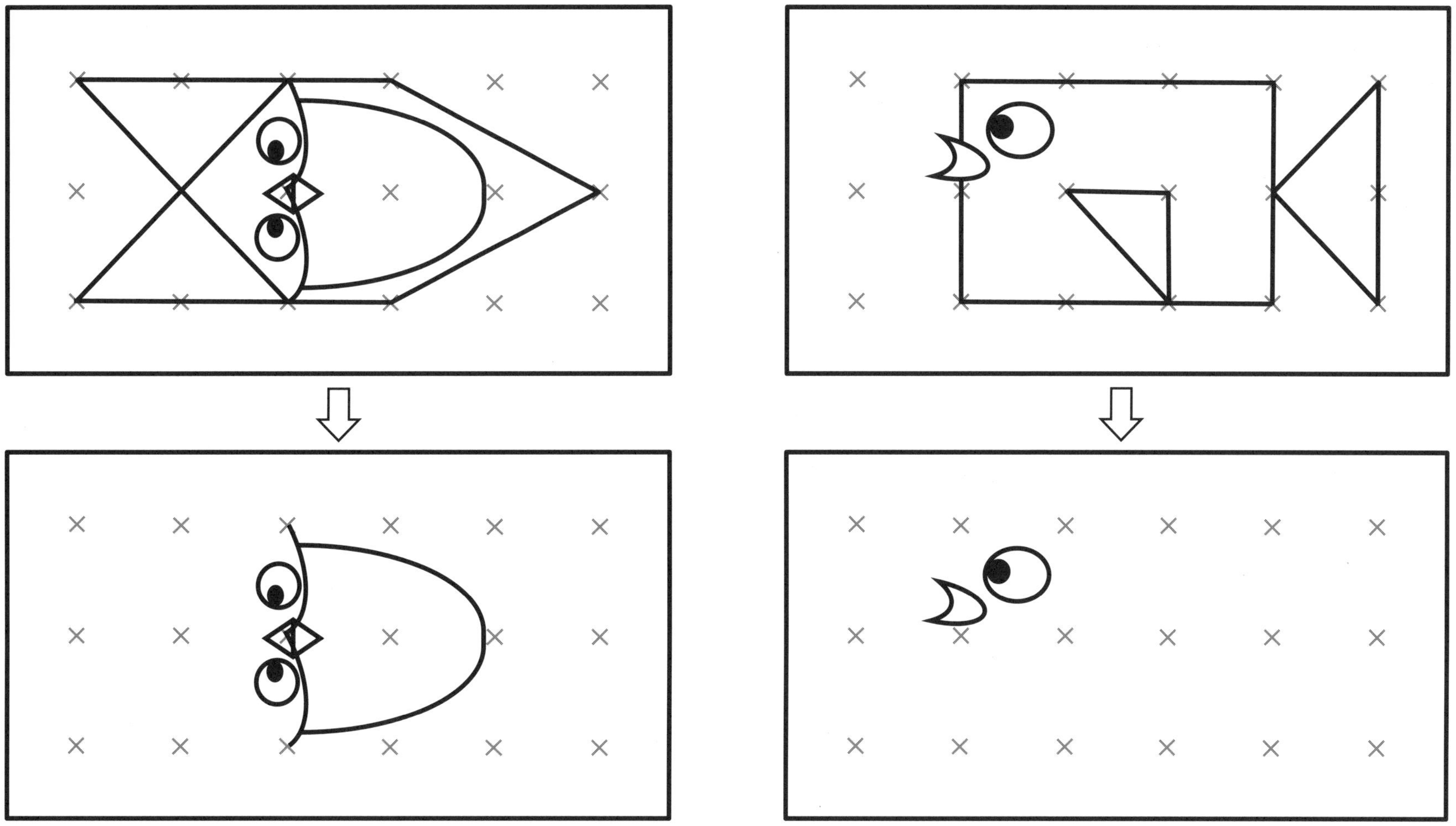

宮口幸治：やさしいコグトレ―認知機能強化トレーニング．三輪書店、2018 より

点《てん》つなぎ ② - 23

年《ねん》　月《がつ》　日《にち》 名前《なまえ》(　　　　　　　)

上《うえ》の絵《え》と同《おな》じように × をつないで下《した》に写《うつ》しましょう。

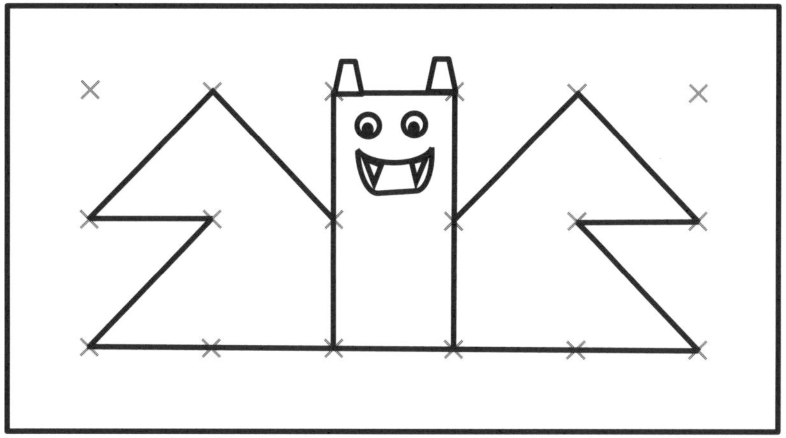

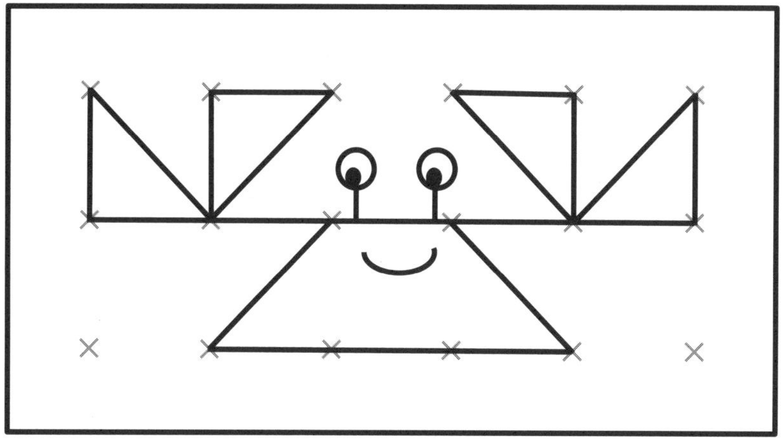

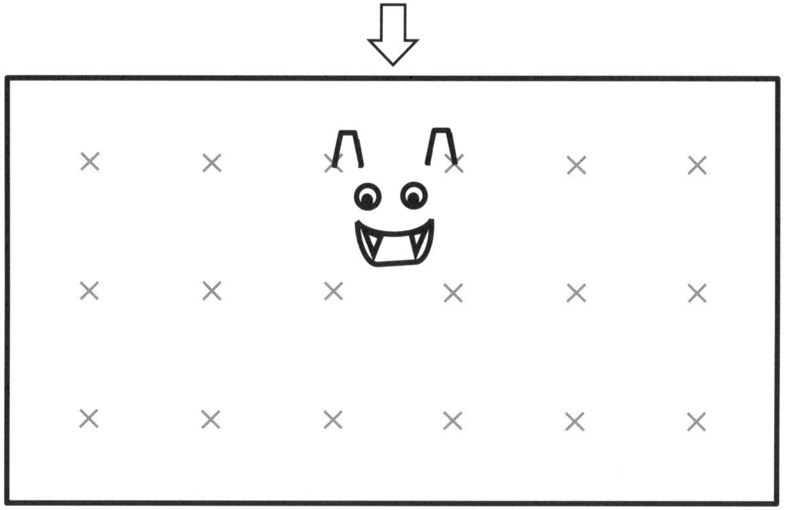

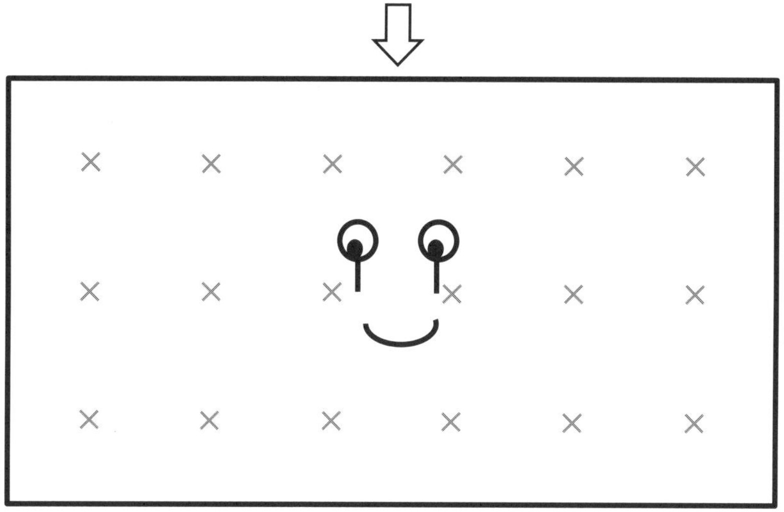

宮口幸治：やさしいコグトレ―認知機能強化トレーニング．三輪書店、2018 より

コグトレ

点《てん》つなぎ　②　- 24

年《ねん》　月《がつ》　日《にち》　名前《なまえ》（　　　　　　　）

上《うえ》の絵《え》と同《おな》じように × をつないで下《した》に写《うつ》しましょう。

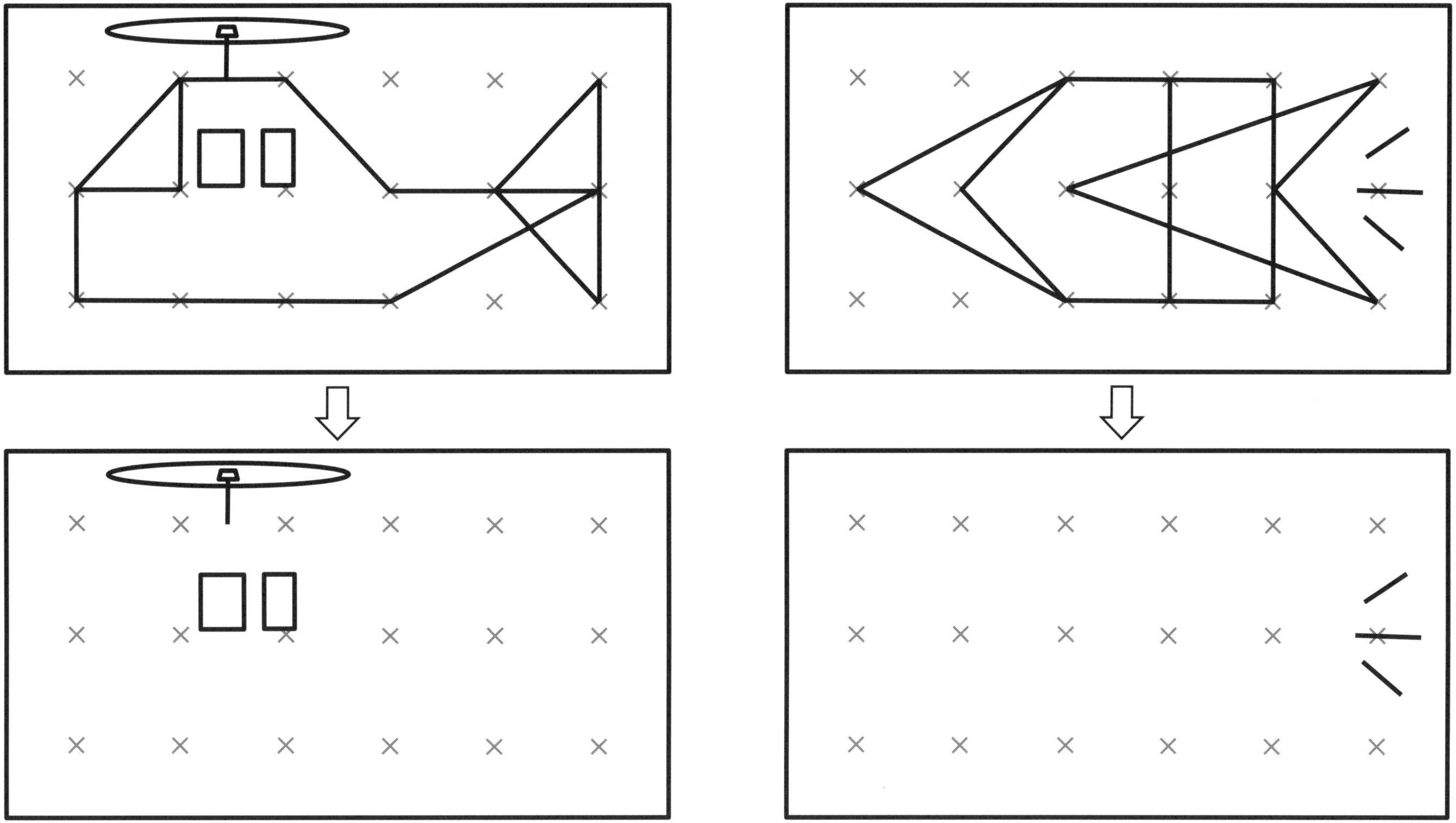

宮口幸治：やさしいコグトレ―認知機能強化トレーニング．三輪書店、2018 より

コグトレ

点《てん》つなぎ ② - 25

年《ねん》　月《がつ》　日《にち》 名前《なまえ》(　　　　　　)

上《うえ》の絵《え》と同《おな》じように × をつないで下《した》に写《うつ》しましょう。

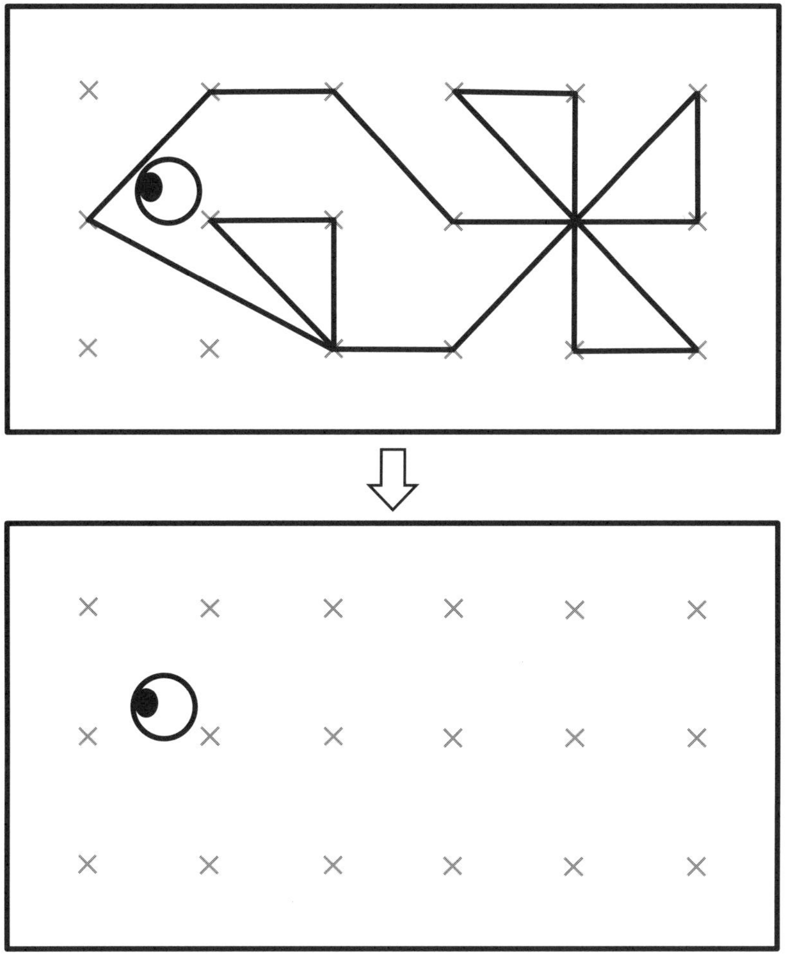

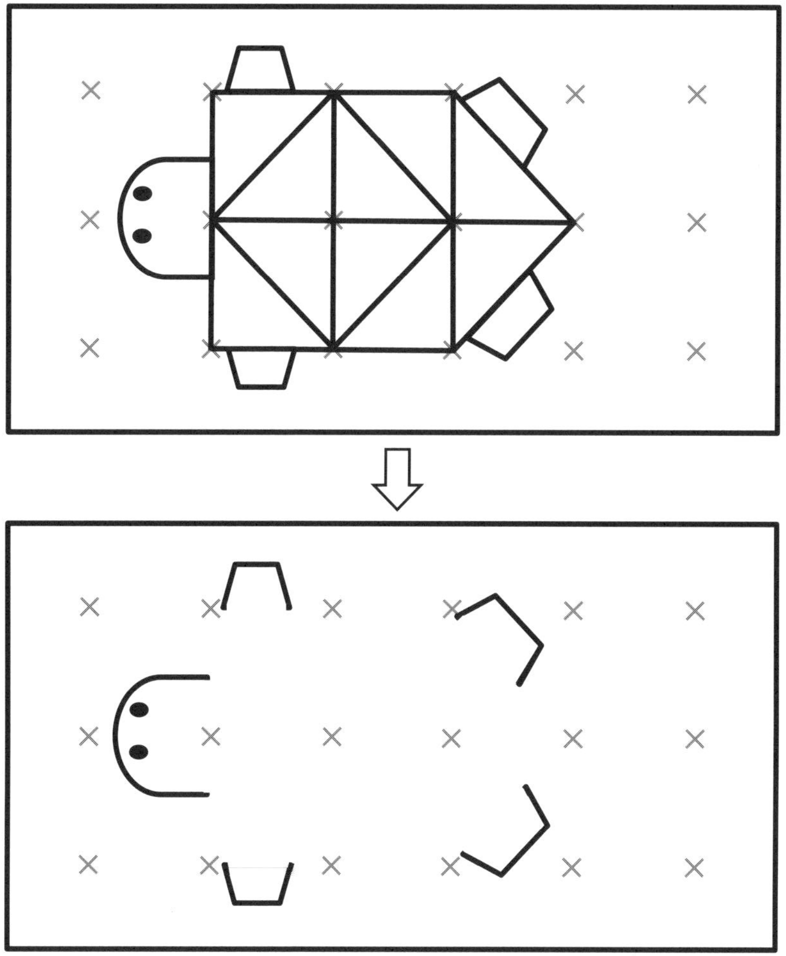

宮口幸治：やさしいコグトレ—認知機能強化トレーニング．三輪書店、2018 より

コグトレ

点《てん》つなぎ ②-26

年《ねん》　　月《がつ》　　日《にち》　名前《なまえ》(　　　　　　　　)

上《うえ》の絵《え》と同《おな》じように × をつないで下《した》に写《うつ》しましょう。

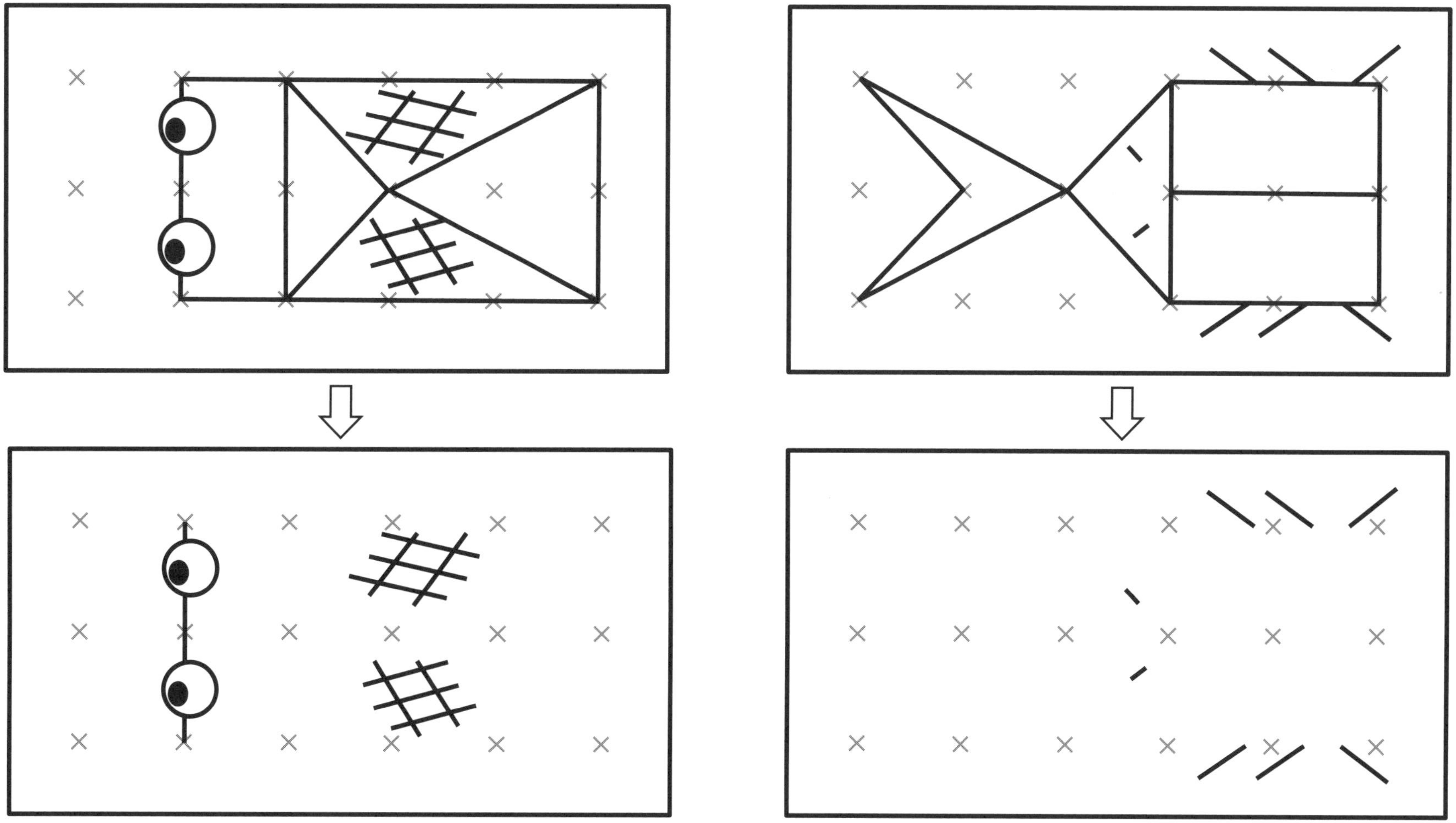

宮口幸治：やさしいコグトレ―認知機能強化トレーニング．三輪書店、2018 より

コグトレ

点《てん》つなぎ ② - 27

年《ねん》　月《がつ》　日《にち》　名前《なまえ》（　　　　　　　）

上《うえ》の絵《え》と同《おな》じように × をつないで下《した》に写《うつ》しましょう。

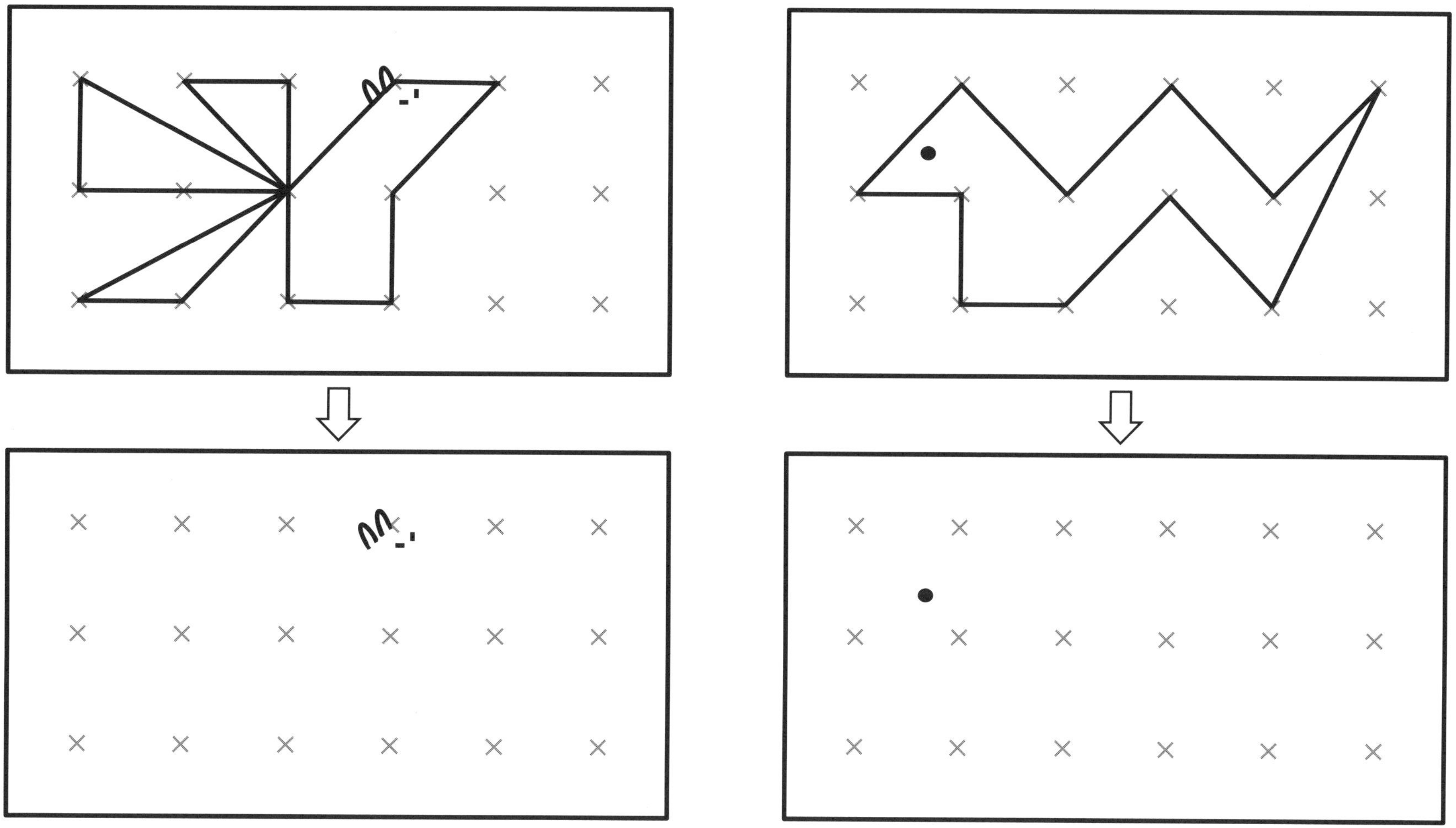

宮口幸治：やさしいコグトレ―認知機能強化トレーニング．三輪書店、2018 より

コグトレ

点《てん》つなぎ ② - 28

年《ねん》　月《がつ》　日《にち》　名前《なまえ》（　　　　　　）

上《うえ》の絵《え》と同《おな》じように × をつないで下《した》に写《うつ》しましょう。

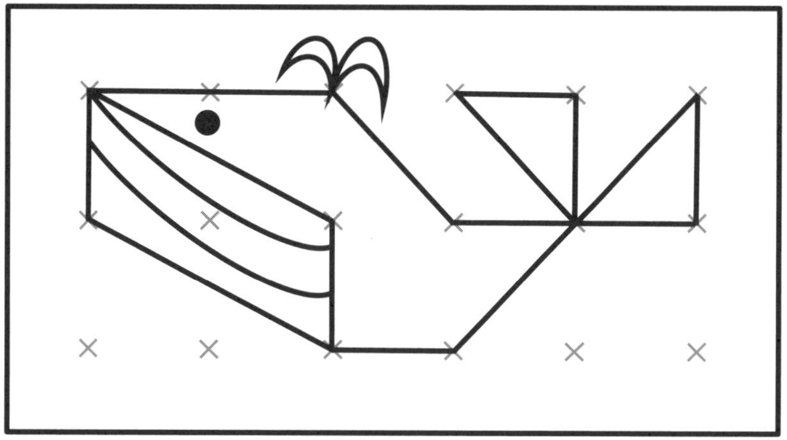

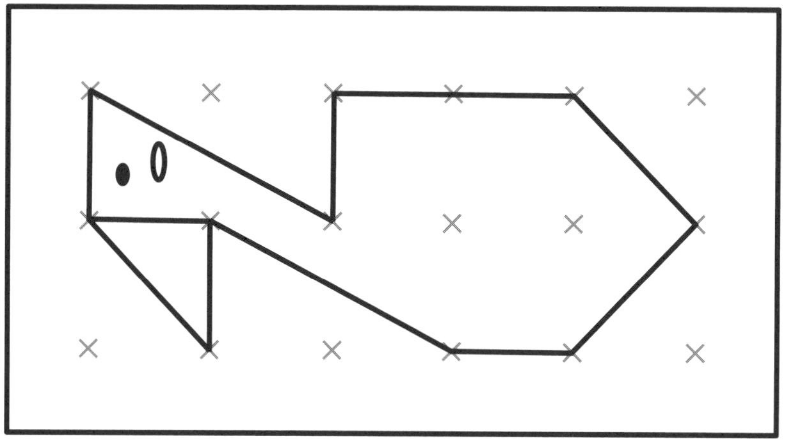

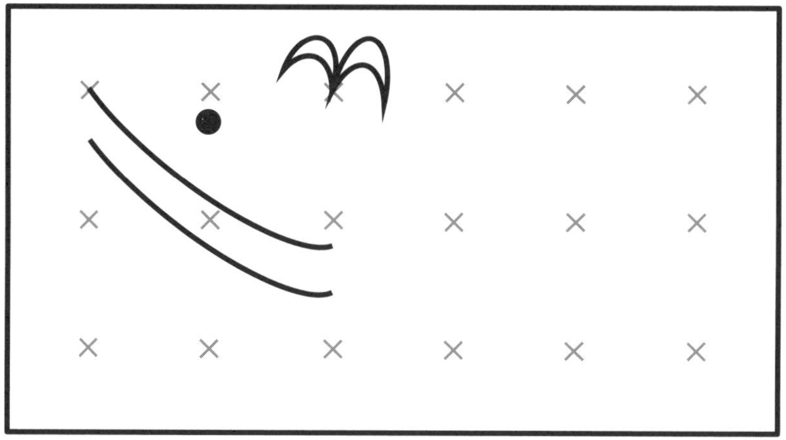

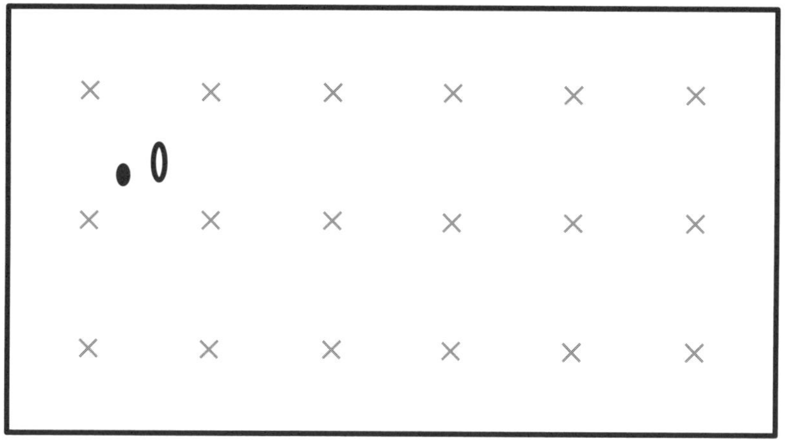

宮口幸治：やさしいコグトレ―認知機能強化トレーニング．三輪書店、2018 より

コグトレ

点《てん》つなぎ　②－29

年《ねん》　月《がつ》　日《にち》　名前《なまえ》（　　　　　　　　　　）

上《うえ》の絵《え》と同《おな》じように × をつないで下《した》に写《うつ》しましょう。

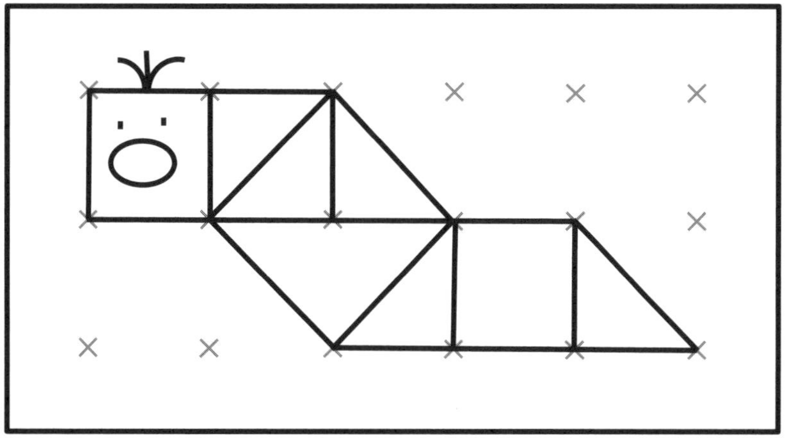

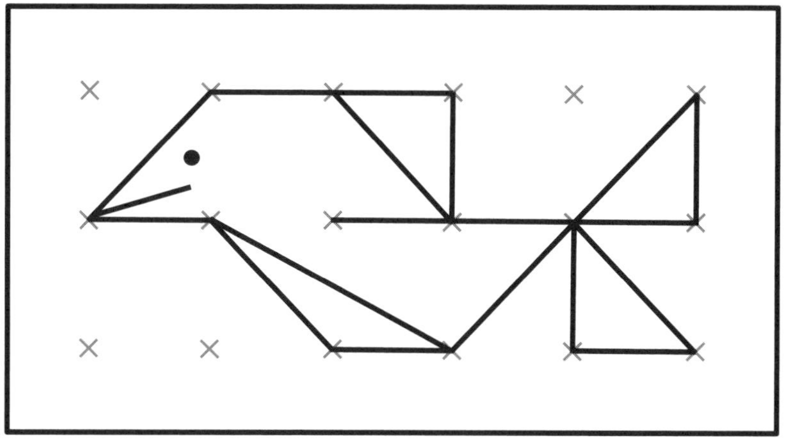

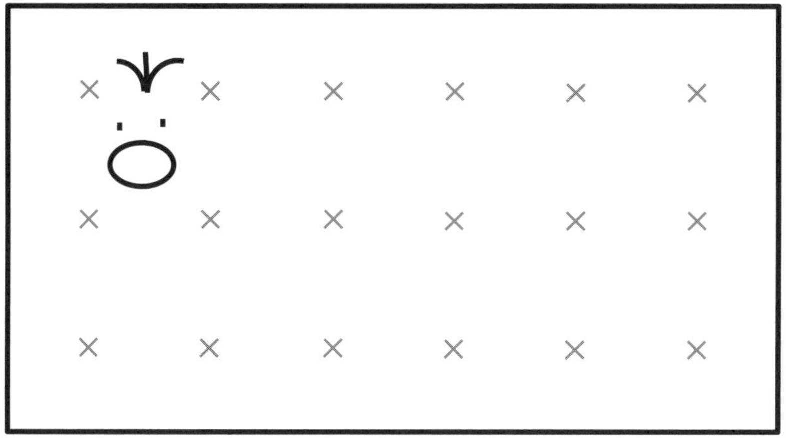

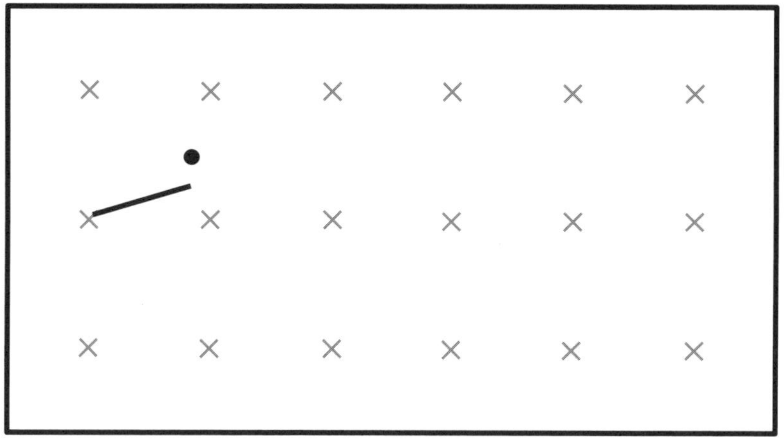

宮口幸治：やさしいコグトレ—認知機能強化トレーニング．三輪書店、2018 より

コグトレ

点《てん》つなぎ ②－30

年《ねん》　月《がつ》　日《にち》　名前《なまえ》（　　　　　　　　）

上《うえ》の絵《え》と同《おな》じように × をつないで下《した》に写《うつ》しましょう。

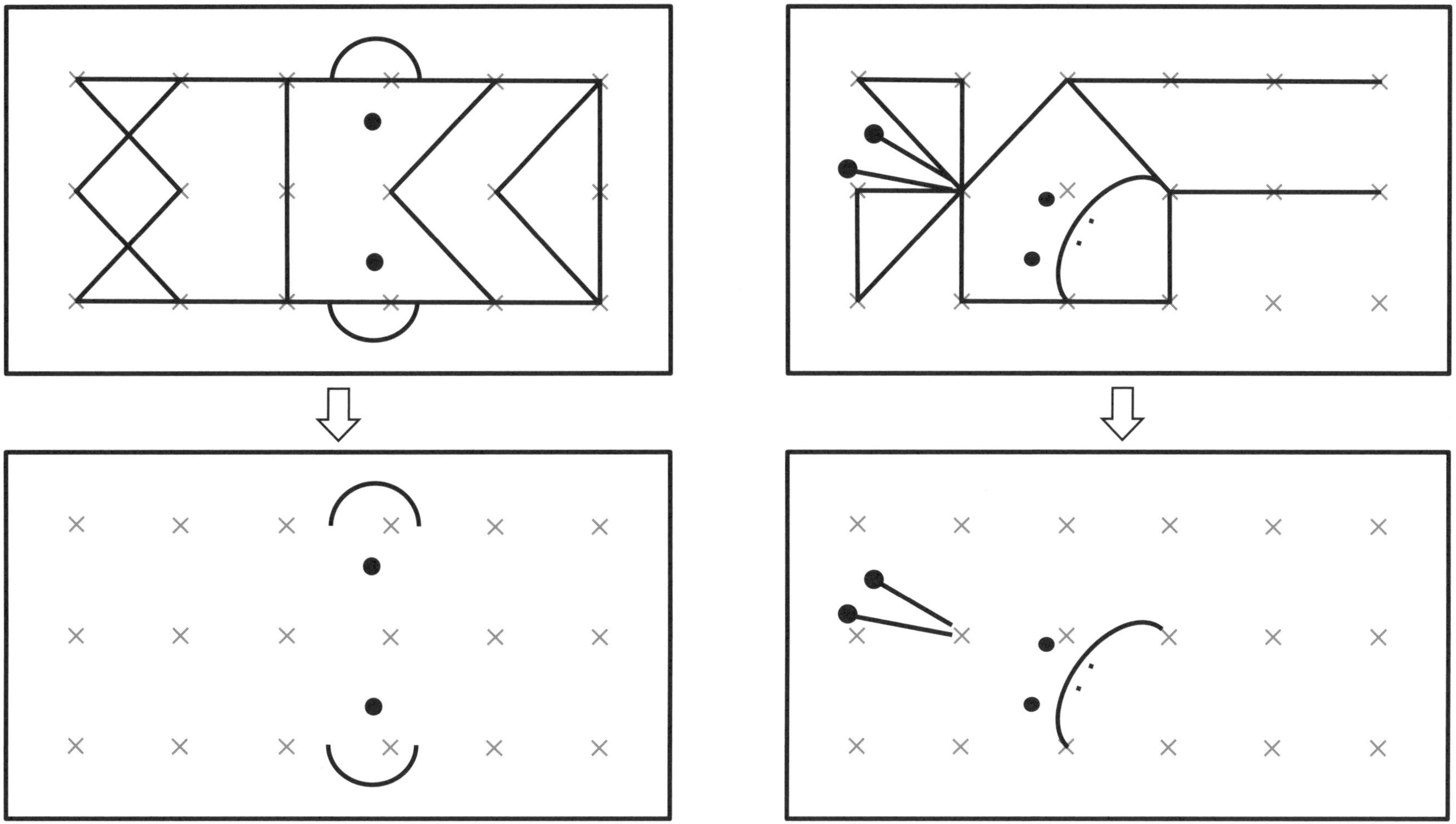

宮口幸治：やさしいコグトレ―認知機能強化トレーニング．三輪書店、2018 より

コグトレ

点《てん》つなぎ ② おまけ

年《ねん》　月《がつ》　日《にち》 名前《なまえ》（　　　　　　　　）

上《うえ》の絵《え》と同《おな》じように × をつないで下《した》に写《うつ》しましょう。

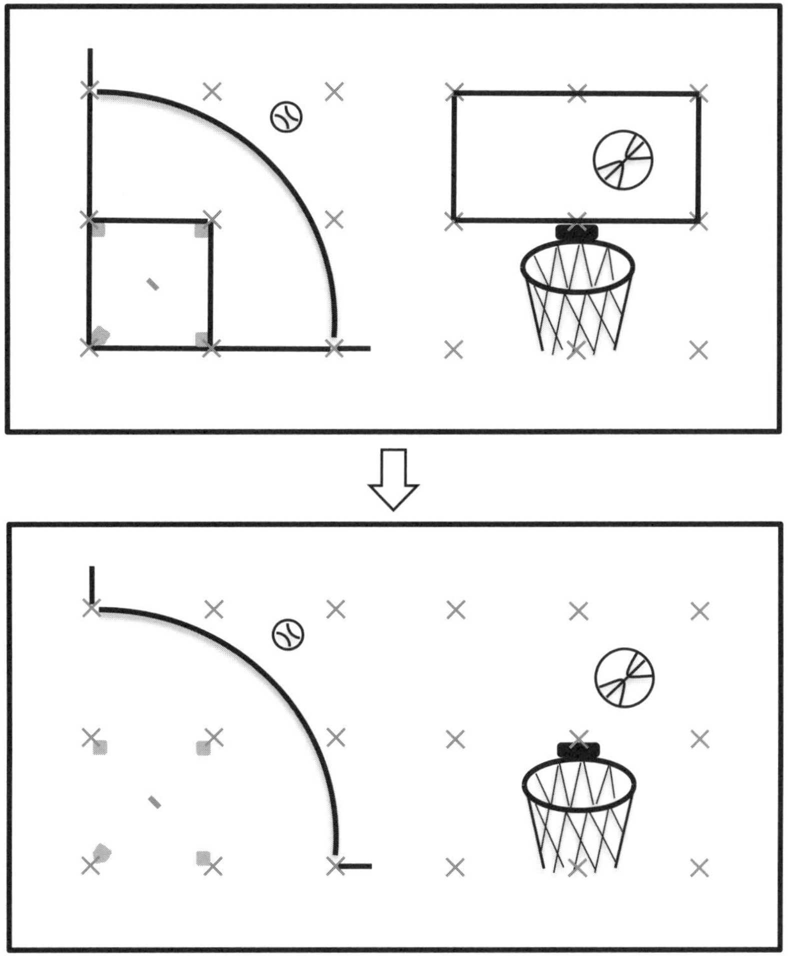

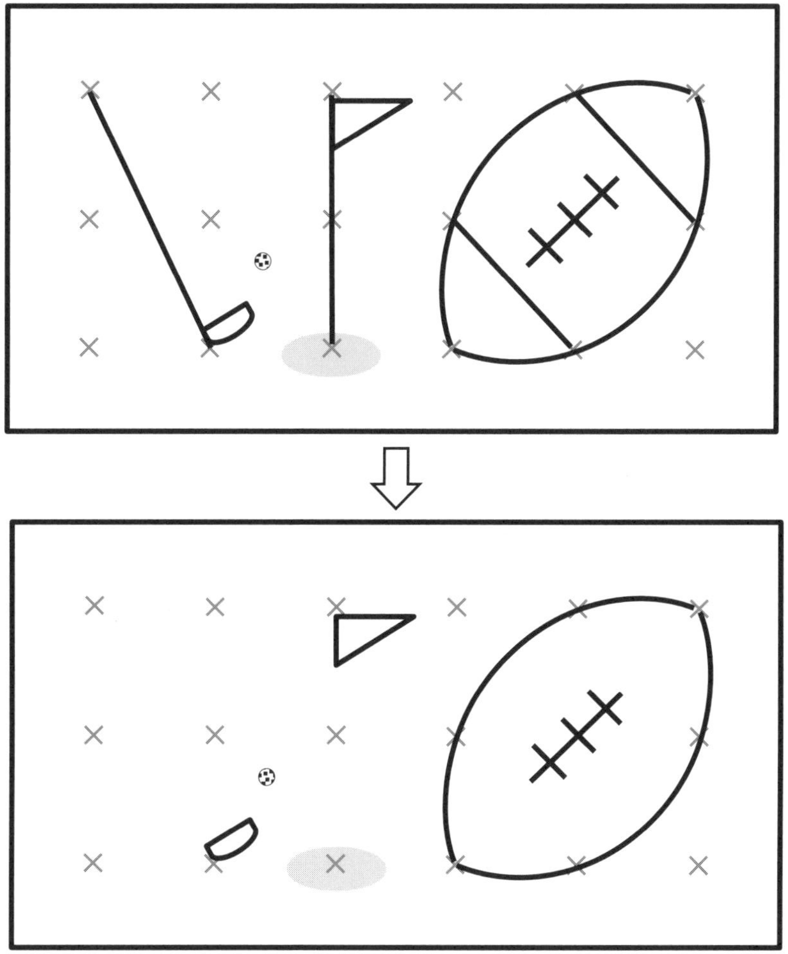

ゆれる点《てん》つなぎ　- 11

年《ねん》　月《がつ》　日《にち》 名前《なまえ》（　　　　　　　　）

上《うえ》と同《おな》じ絵《え》になるように、下《した》の四角《しかく》の中《なか》の×をつなぎましょう。

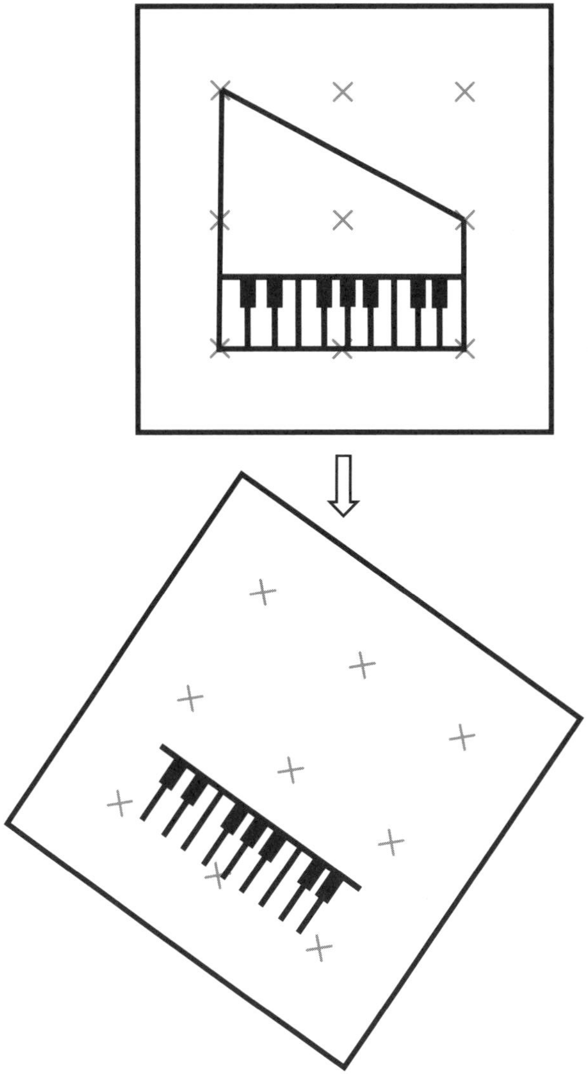

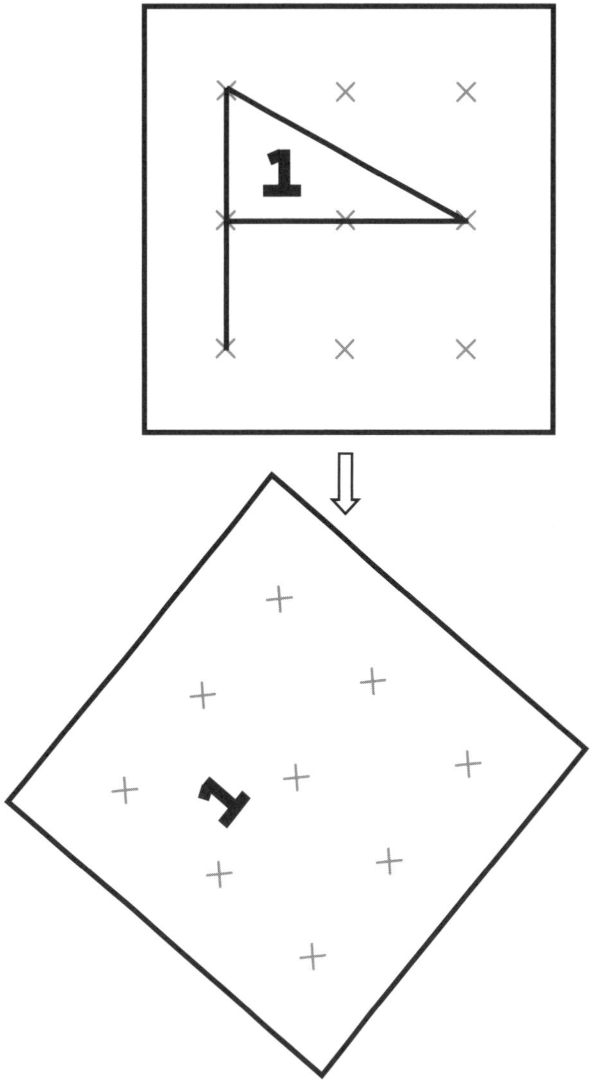

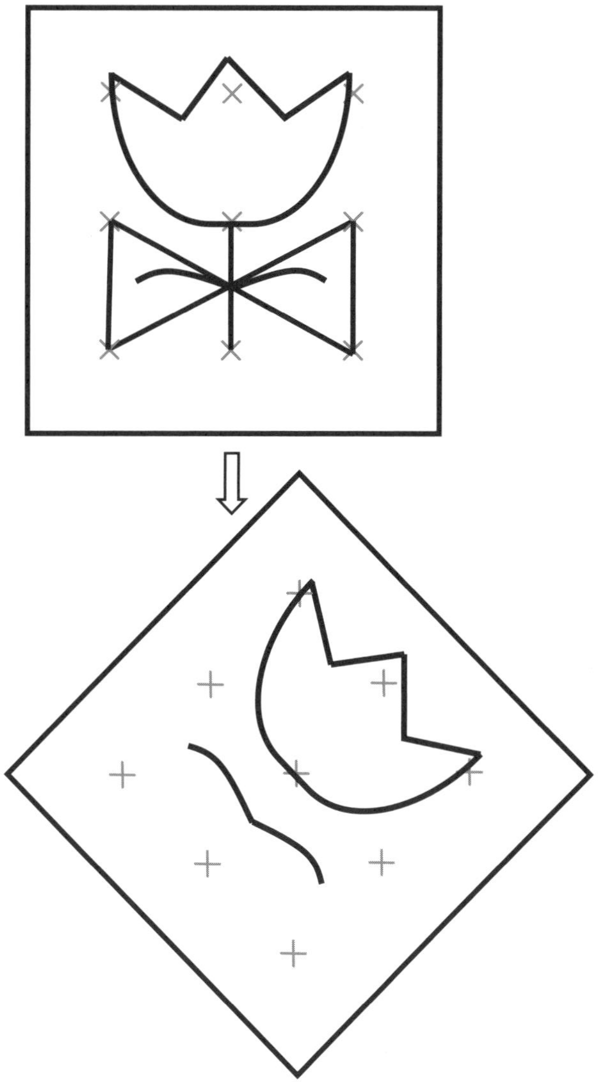

宮口幸治：やさしいコグトレ―認知機能強化トレーニング．三輪書店、2018 より

ゆれる点《てん》つなぎ　- 12

年《ねん》　月《がつ》　日《にち》　名前《なまえ》（　　　　　　　）

上《うえ》と同《おな》じ絵《え》になるように、下《した》の四角《しかく》の中《なか》の×をつなぎましょう。

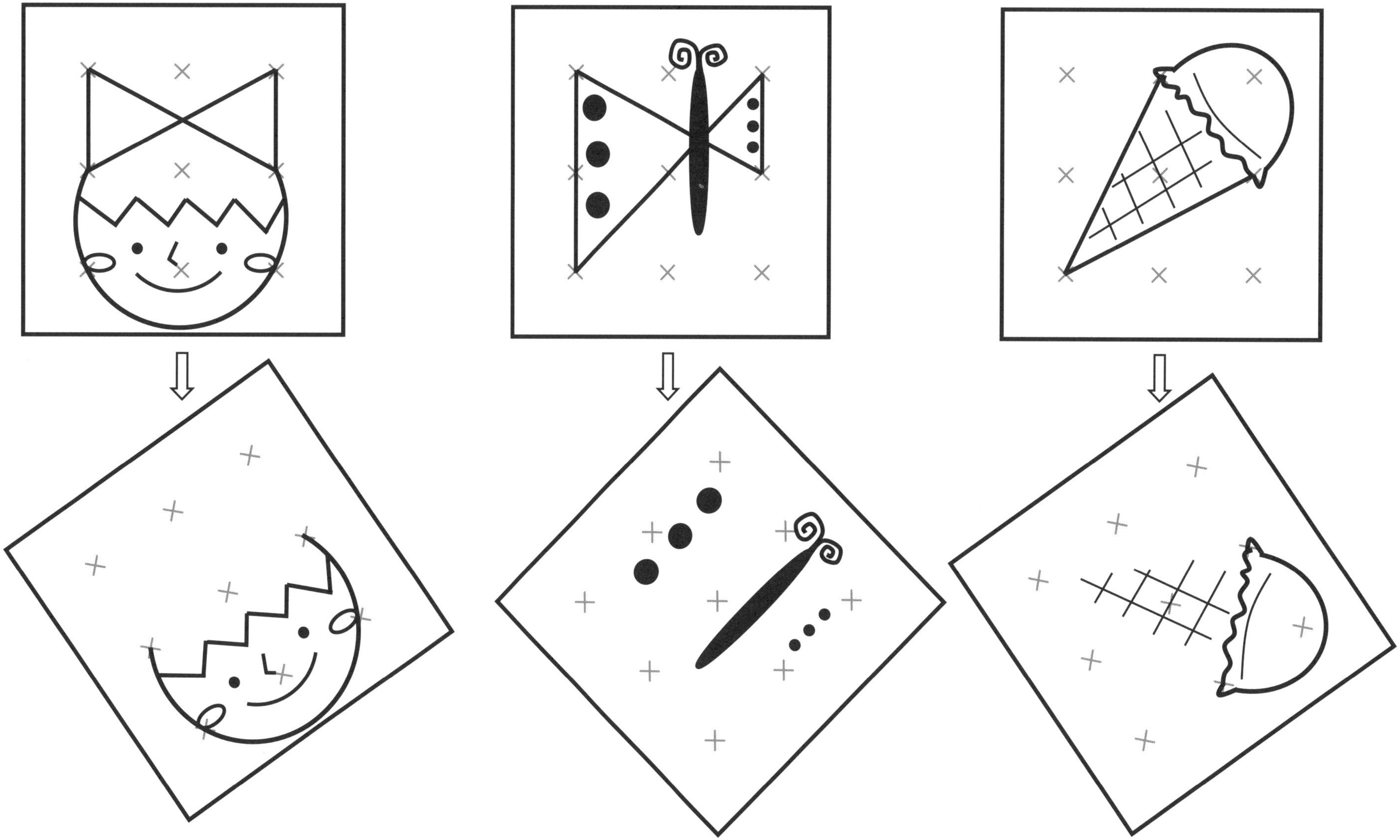

宮口幸治：やさしいコグトレ―認知機能強化トレーニング．三輪書店、2018 より

ゆれる点《てん》つなぎ　- 13

年《ねん》　月《がつ》　日《にち》　名前《なまえ》（　　　　　　　）

上《うえ》と同《おな》じ絵《え》になるように、下《した》の四角《しかく》の中《なか》の×をつなぎましょう。

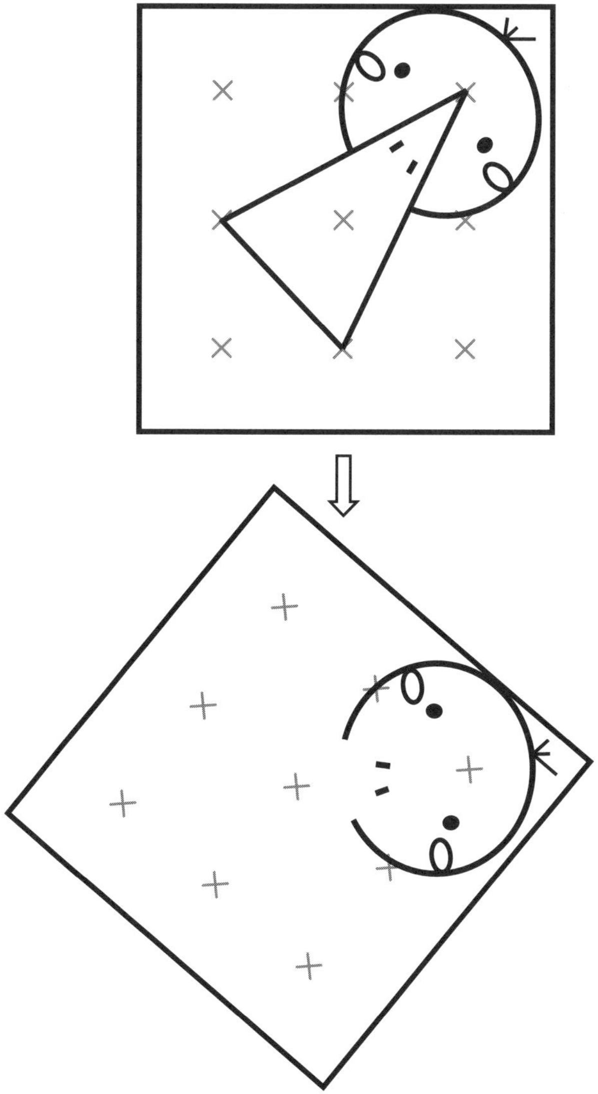

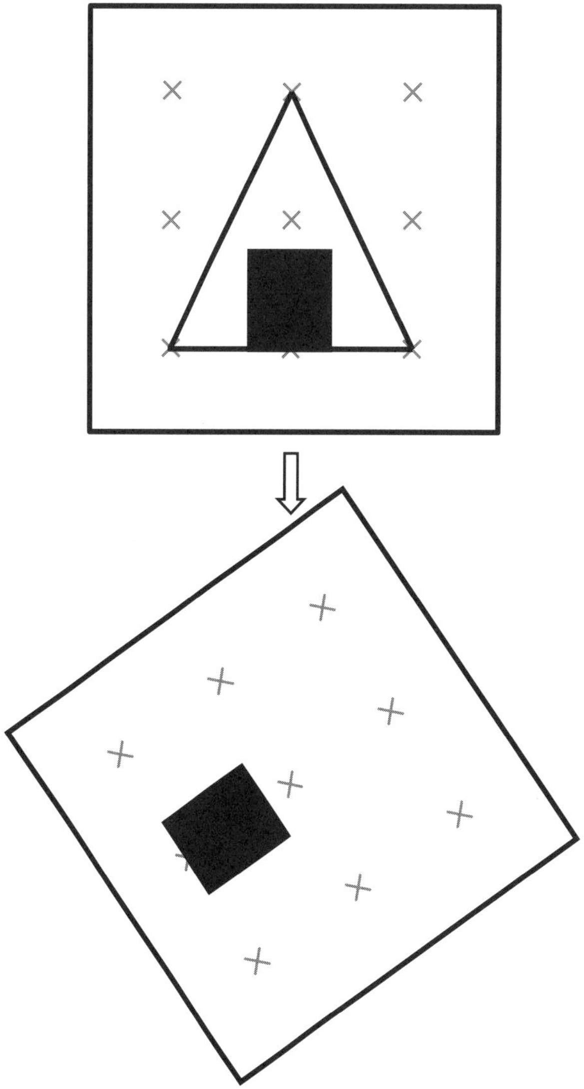

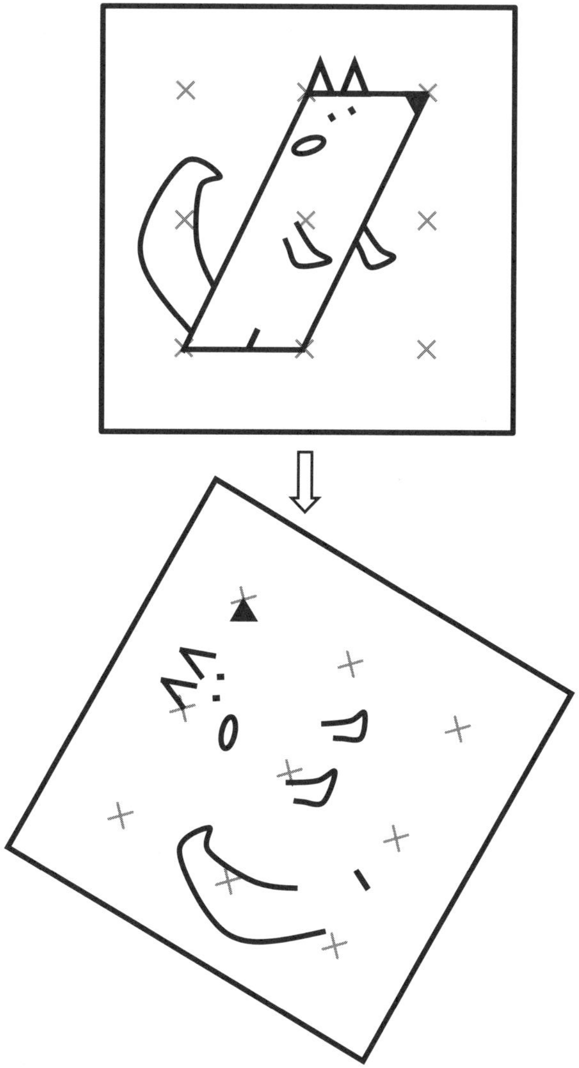

宮口幸治：やさしいコグトレ—認知機能強化トレーニング．三輪書店、2018 より

コグトレ

ゆれる点《てん》つなぎ　- 14

年《ねん》　月《がつ》　日《にち》　名前《なまえ》（　　　　　　　）

上《うえ》と同《おな》じ絵《え》になるように、下《した》の四角《しかく》の中《なか》の×をつなぎましょう。

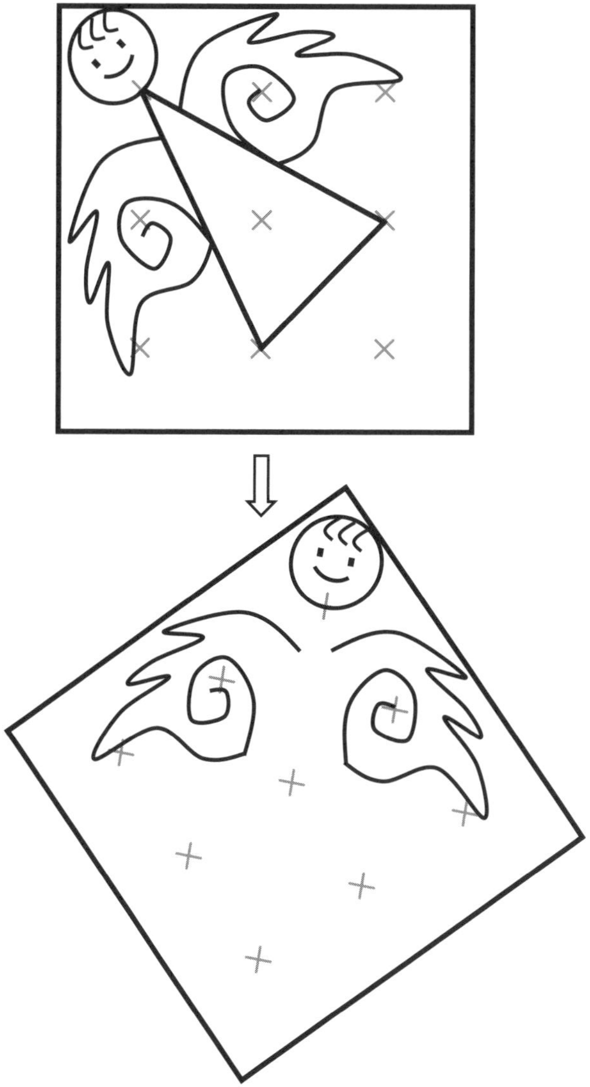

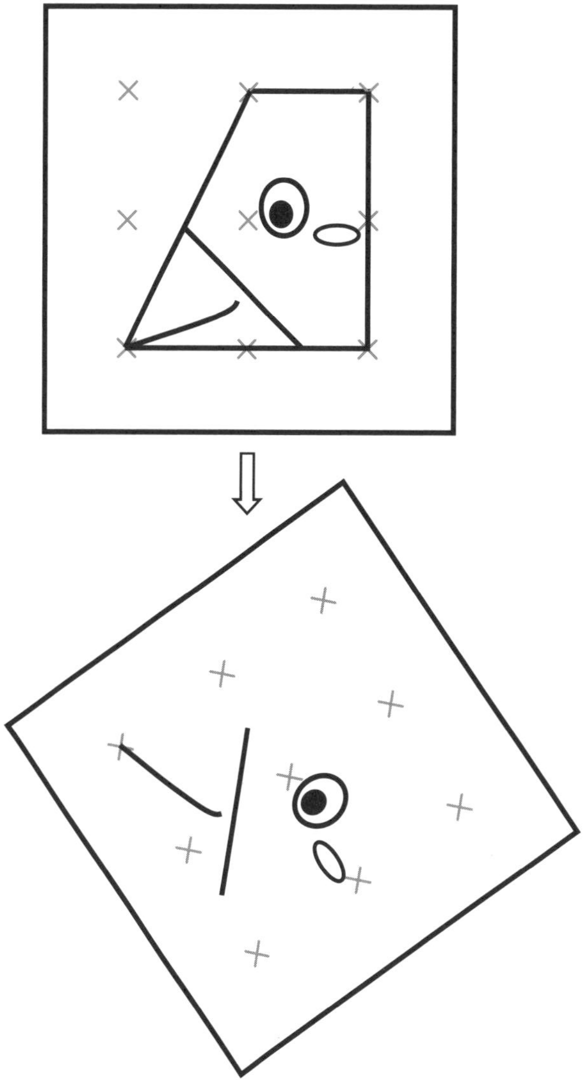

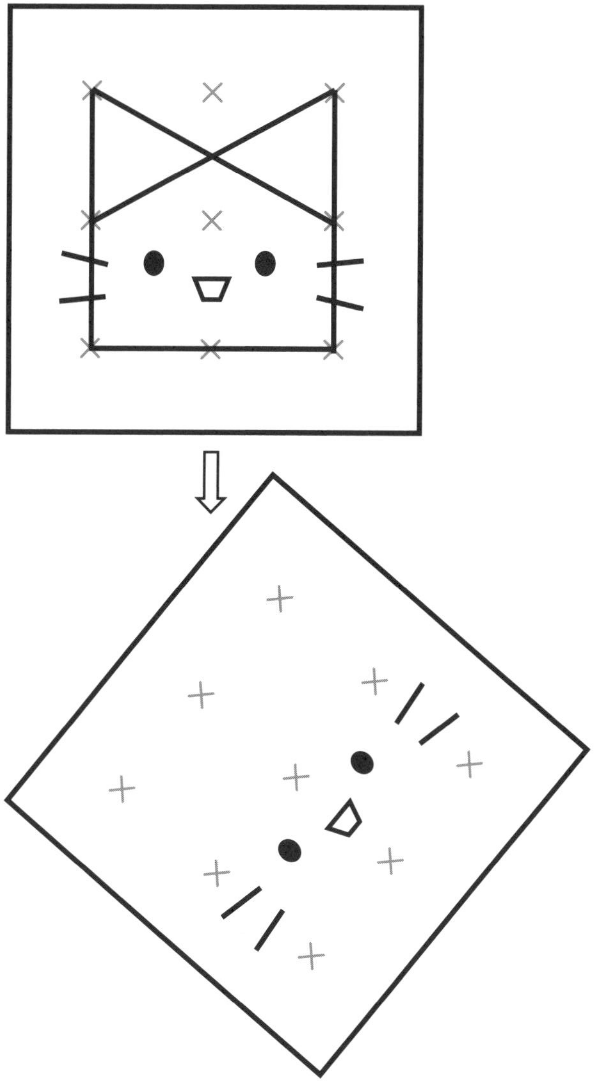

宮口幸治：やさしいコグトレ―認知機能強化トレーニング．三輪書店、2018 より

コグトレ

ゆれる点《てん》つなぎ　- 15

年《ねん》　月《がつ》　日《にち》　名前《なまえ》（　　　　　　）

上《うえ》と同《おな》じ絵《え》になるように、下《した》の四角《しかく》の中《なか》の×をつなぎましょう。

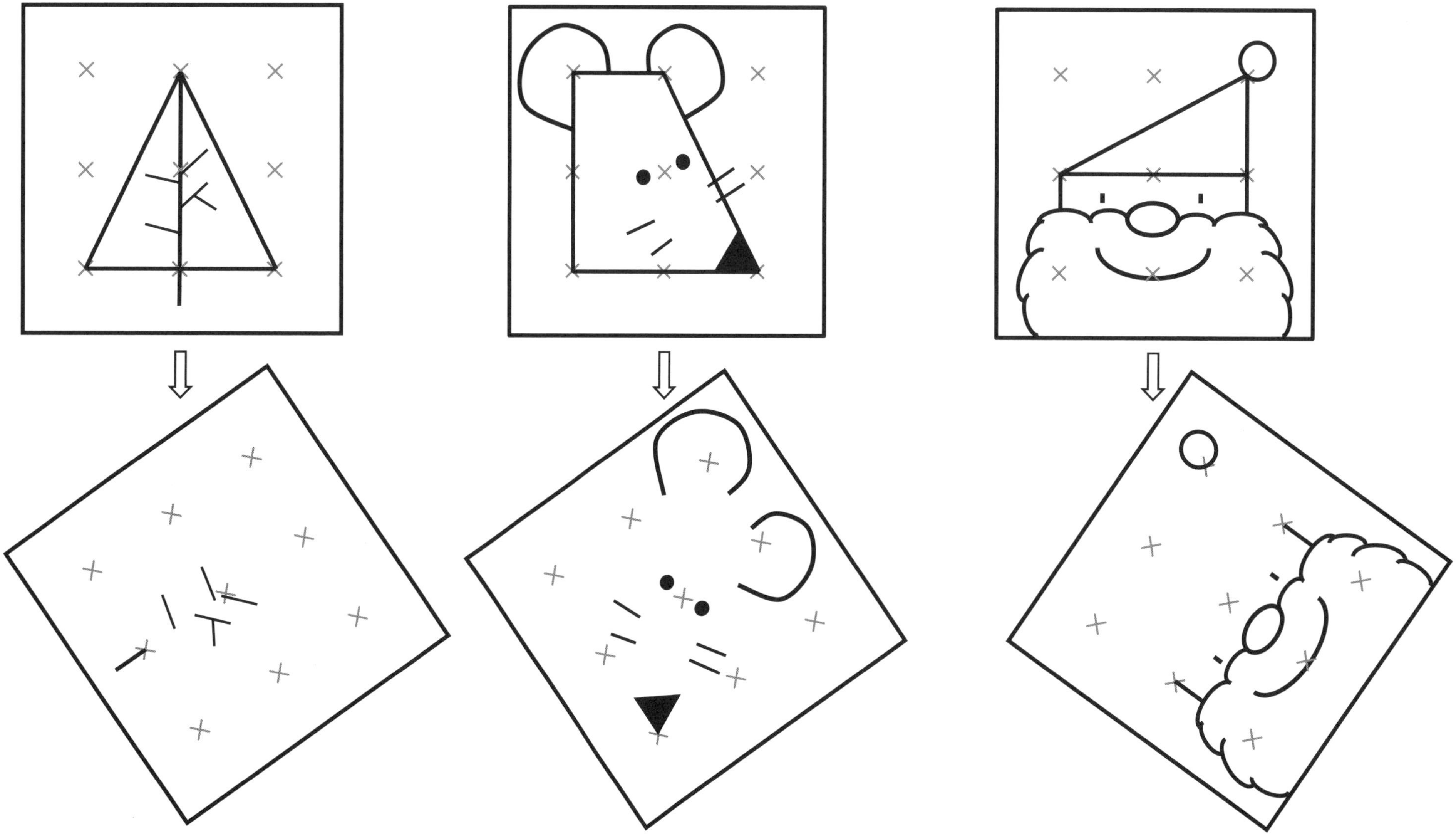

宮口幸治：やさしいコグトレ―認知機能強化トレーニング．三輪書店、2018 より

コグトレ

ゆれる点《てん》つなぎ　- 16

年《ねん》　月《がつ》　日《にち》　名前《なまえ》（　　　　　　　　）

上《うえ》と同《おな》じ絵《え》になるように、下《した》の四角《しかく》の中《なか》の×をつなぎましょう。

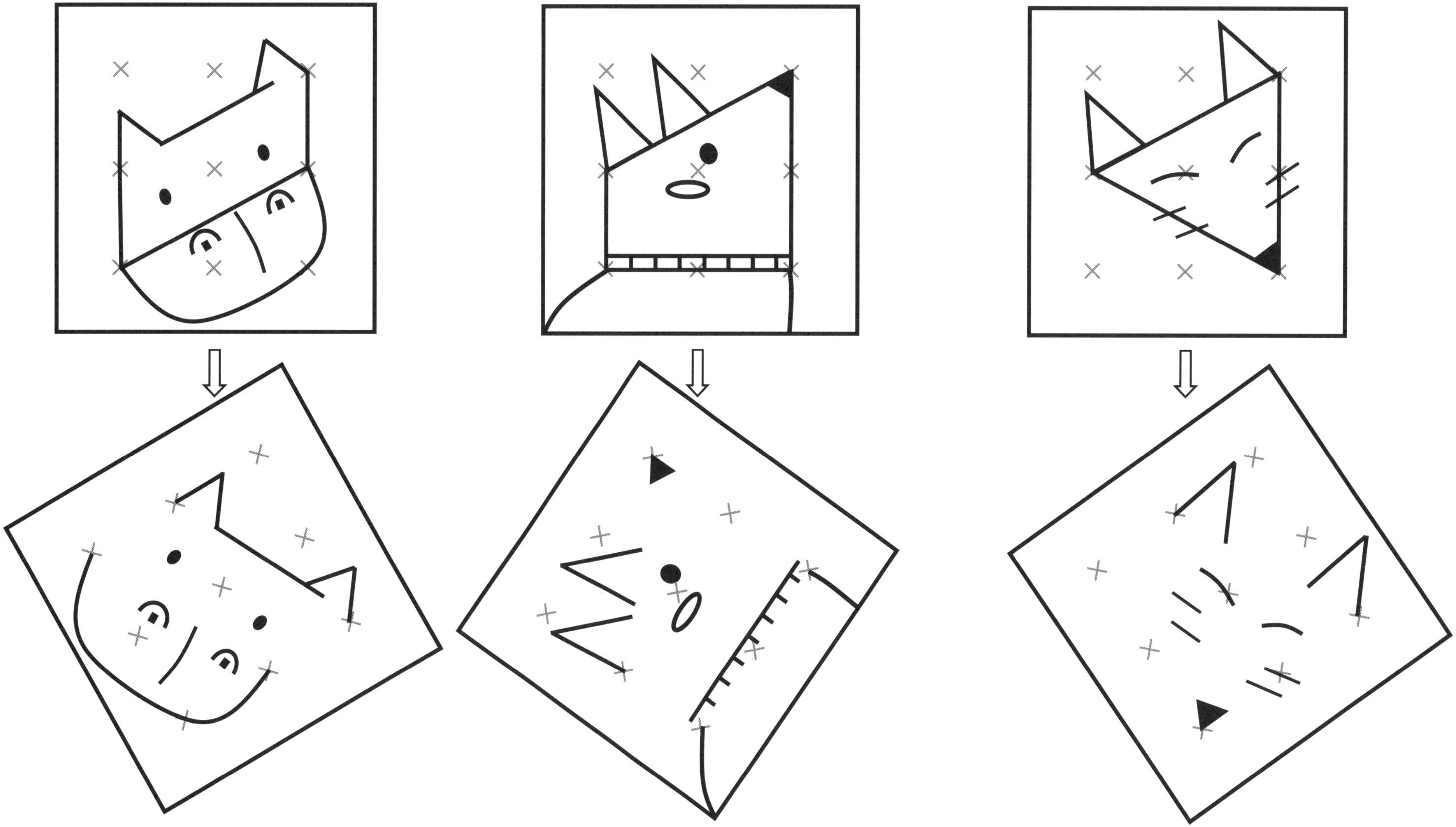

コグ
トレ

ゆれる点《てん》つなぎ　- 17

年《ねん》　　月《がつ》　　日《にち》　名前《なまえ》（　　　　　　　　）

上《うえ》と同《おな》じ絵《え》になるように、下《した》の四角《しかく》の中《なか》の×をつなぎましょう。

宮口幸治：やさしいコグトレ―認知機能強化トレーニング．三輪書店、2018 より

コグトレ

ゆれる点《てん》つなぎ　- 18

年《ねん》　月《がつ》　日《にち》　名前《なまえ》（　　　　　）

上《うえ》と同《おな》じ絵《え》になるように、下《した》の四角《しかく》の中《なか》の×をつなぎましょう。

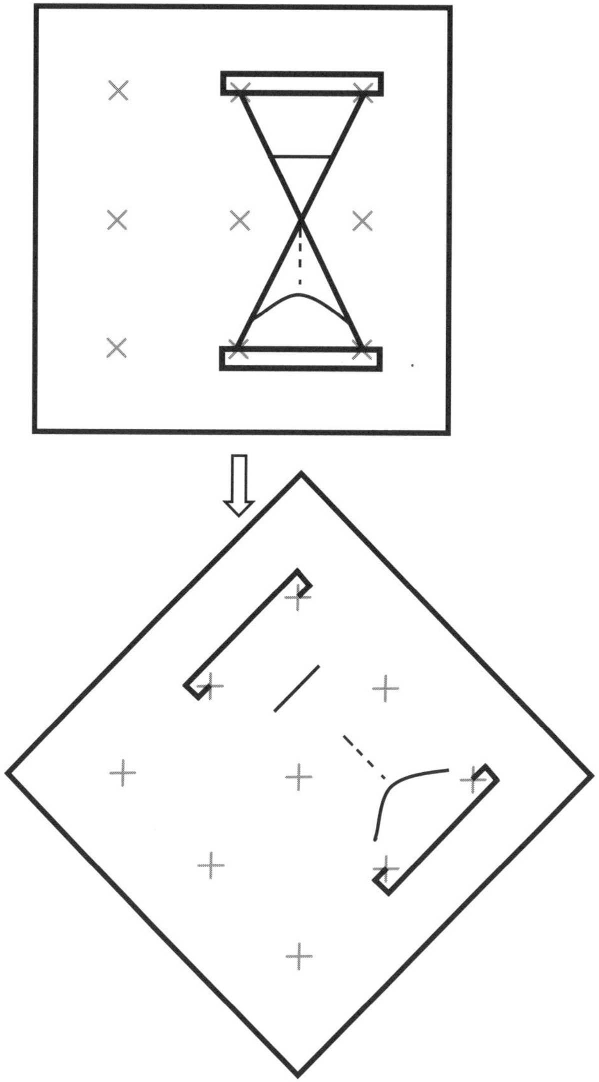

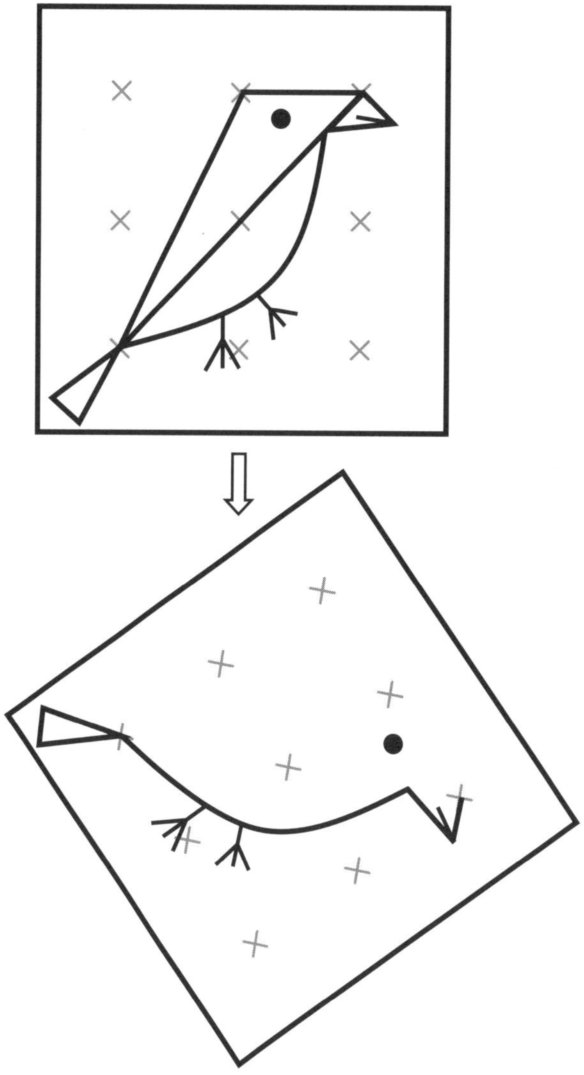

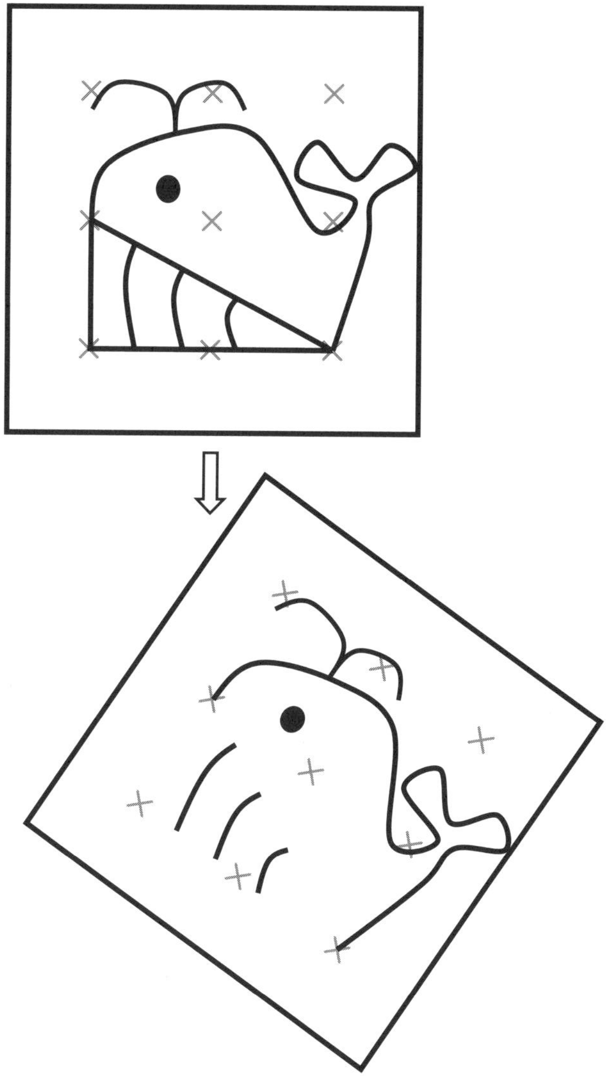

宮口幸治：やさしいコグトレ—認知機能強化トレーニング．三輪書店、2018 より

コグトレ

ゆれる点《てん》つなぎ　-19

年《ねん》　月《がつ》　日《にち》　名前《なまえ》（　　　　　　）

上《うえ》と同《おな》じ絵《え》になるように、下《した》の四角《しかく》の中《なか》の×をつなぎましょう。

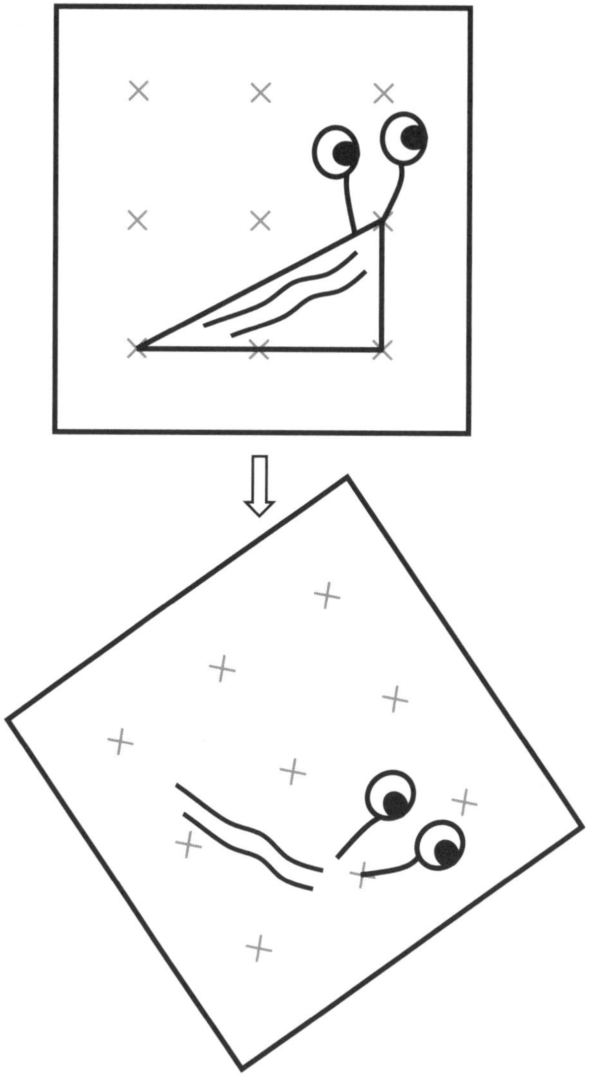

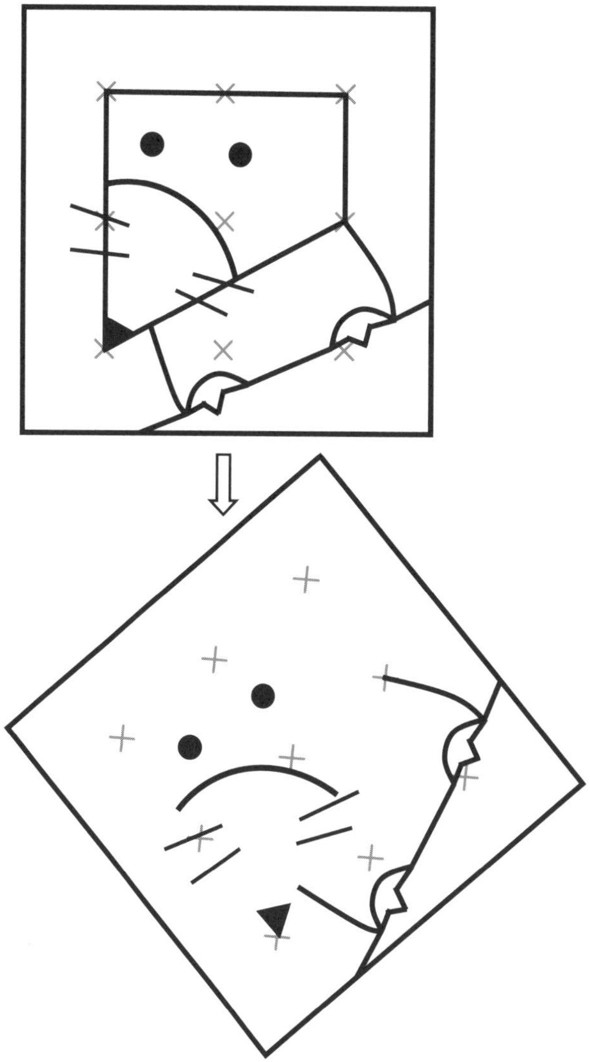

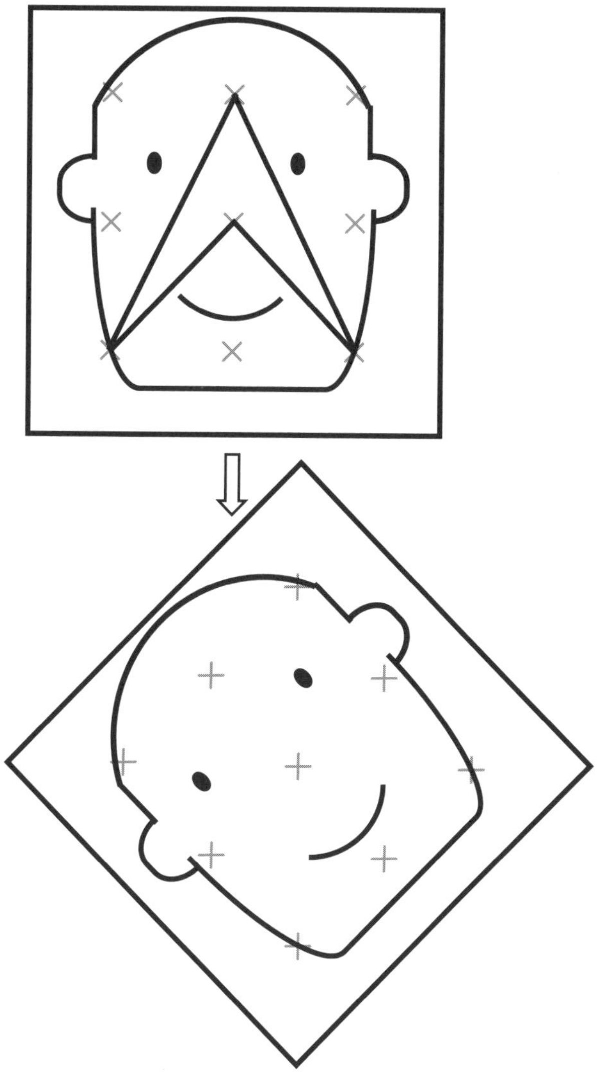

宮口幸治：やさしいコグトレ―認知機能強化トレーニング．三輪書店、2018 より

コグトレ

ゆれる点《てん》つなぎ　- 20

年《ねん》　　月《がつ》　　日《にち》　名前《なまえ》（　　　　　　　　　　）

上《うえ》と同《おな》じ絵《え》になるように、下《した》の四角《しかく》の中《なか》の×をつなぎましょう。

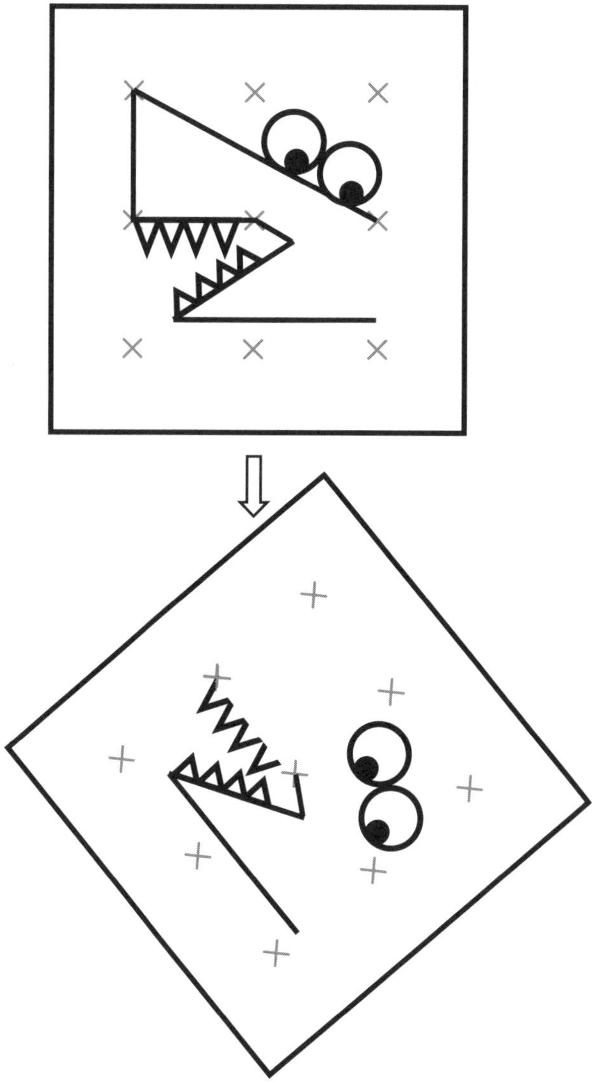

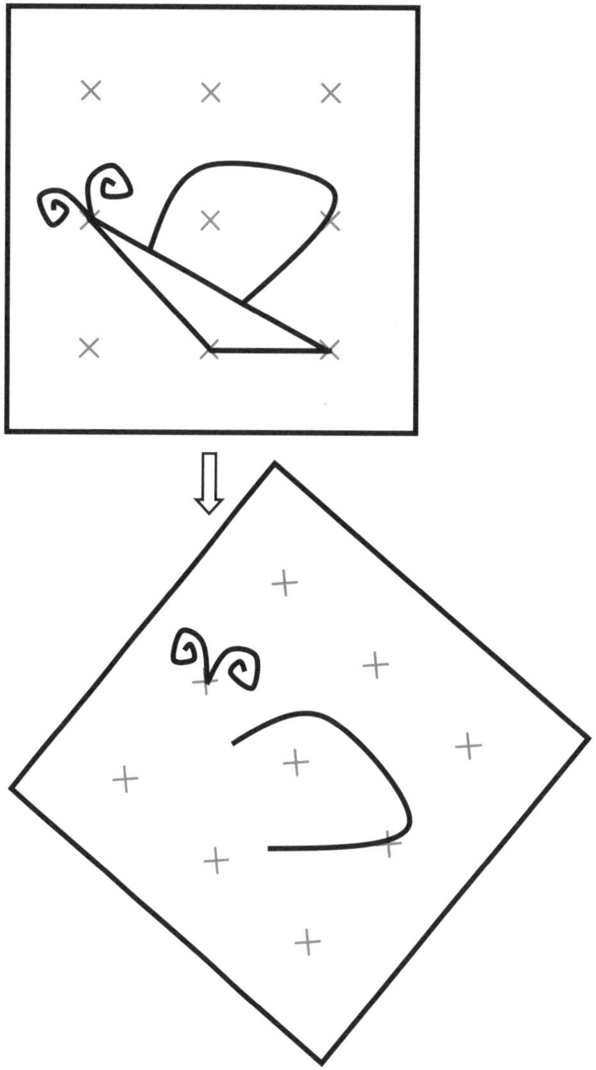

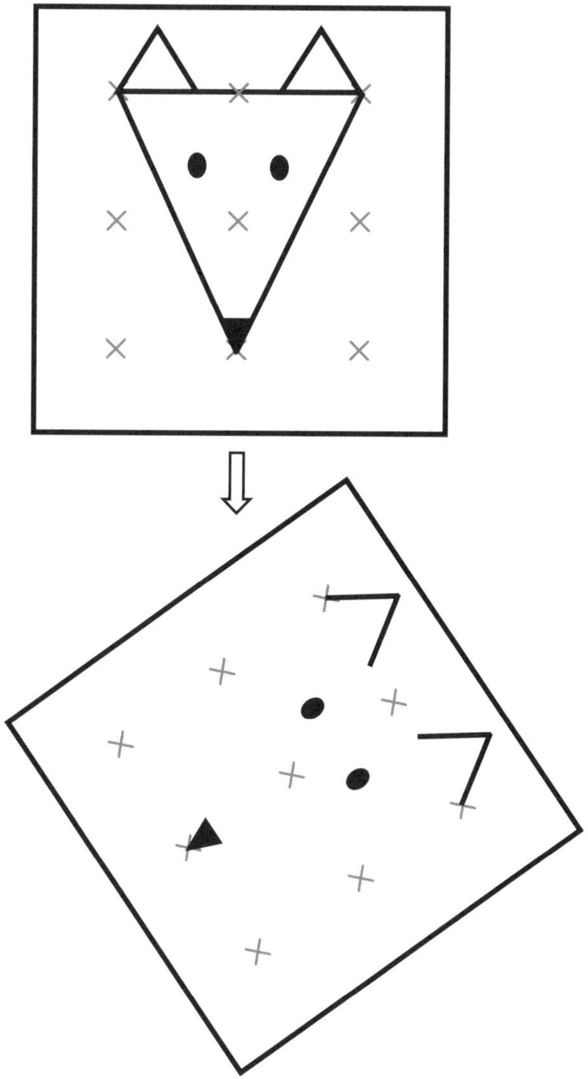

宮口幸治：やさしいコグトレ―認知機能強化トレーニング．三輪書店、2018 より

ゆれる点《てん》つなぎ　おまけ2

年《ねん》　月《がつ》　日《にち》　名前《なまえ》（　　　　　　　　）

上《うえ》と同《おな》じになるように × をつないで下《した》に写《うつ》しましょう。

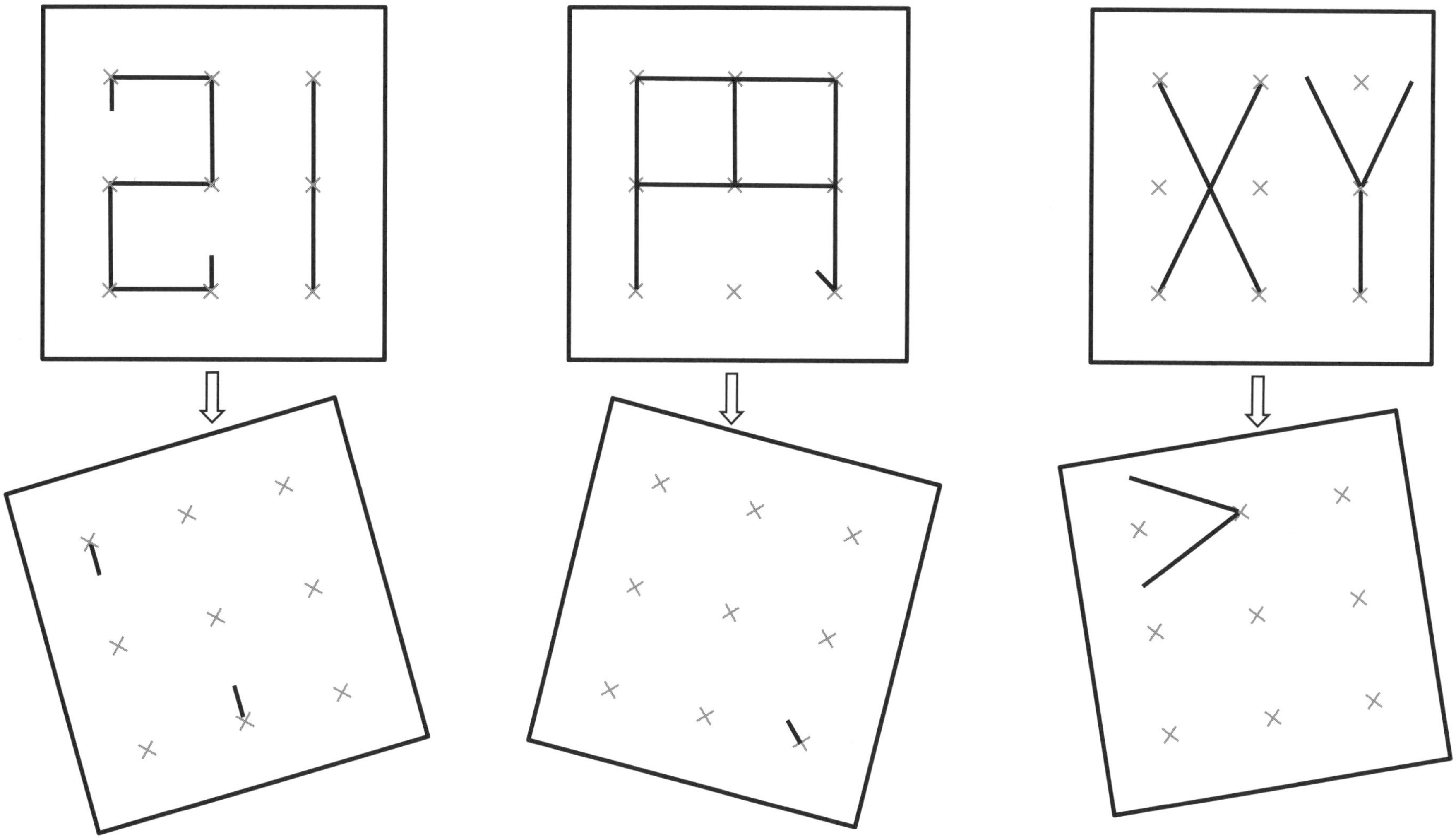

コグトレドリル　やさしいコグトレ一写すⅡ

こたえ

＊「点つなぎ」の解答シート（こたえ）はございません

ゆれる点つなぎ

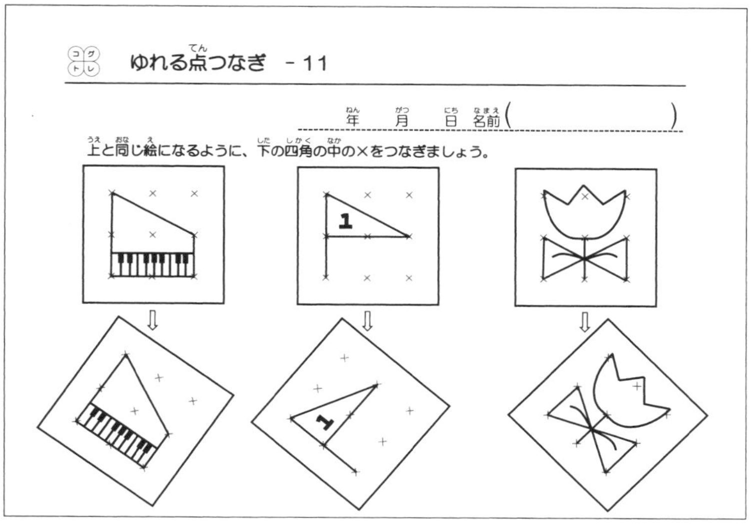

ゆれる点《てん》つなぎ　－11

年《ねん》　月《がつ》　日《にち》　名前《なまえ》（　　　　　）

上《うえ》と同《おな》じ絵《え》になるように、下《した》の四角《しかく》の中《なか》の×をつなぎましょう。

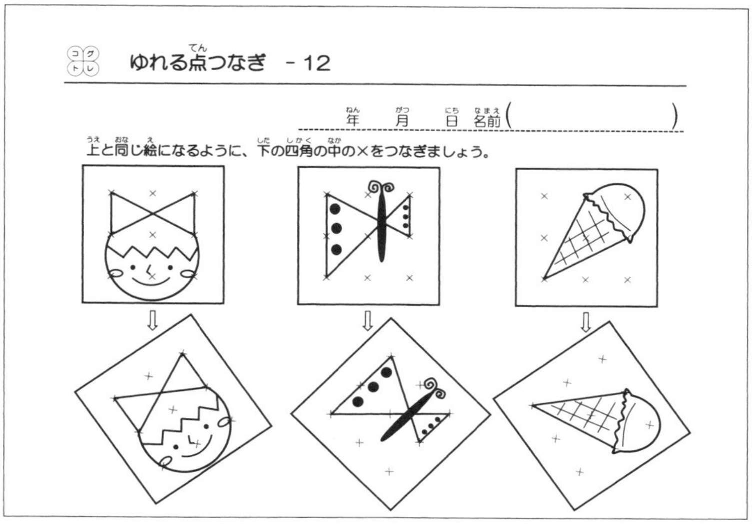

ゆれる点《てん》つなぎ　－12

年《ねん》　月《がつ》　日《にち》　名前《なまえ》（　　　　　）

上《うえ》と同《おな》じ絵《え》になるように、下《した》の四角《しかく》の中《なか》の×をつなぎましょう。

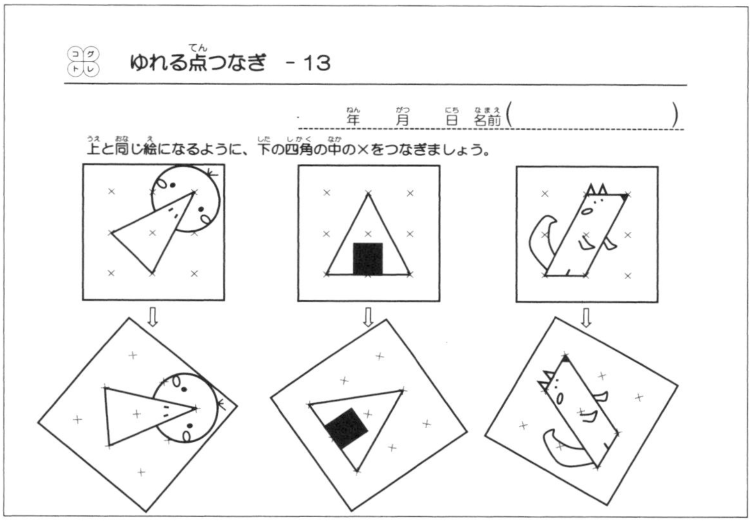

ゆれる点《てん》つなぎ　－13

年《ねん》　月《がつ》　日《にち》　名前《なまえ》（　　　　　）

上《うえ》と同《おな》じ絵《え》になるように、下《した》の四角《しかく》の中《なか》の×をつなぎましょう。

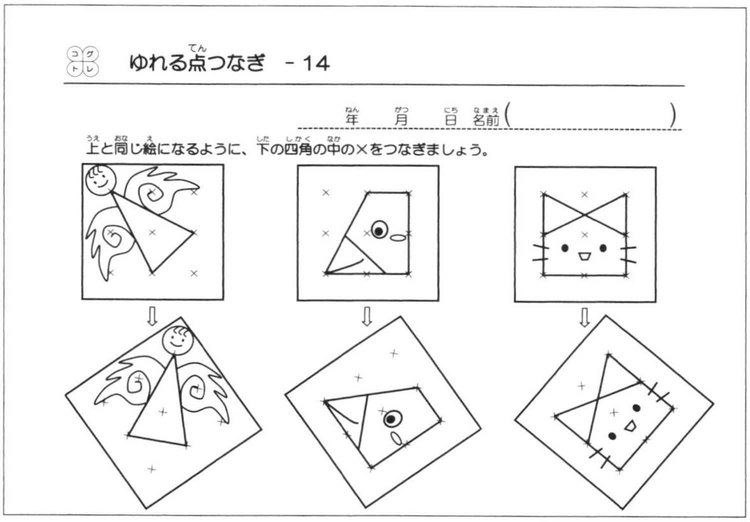

ゆれる点《てん》つなぎ　－14

年《ねん》　月《がつ》　日《にち》　名前《なまえ》（　　　　　）

上《うえ》と同《おな》じ絵《え》になるように、下《した》の四角《しかく》の中《なか》の×をつなぎましょう。

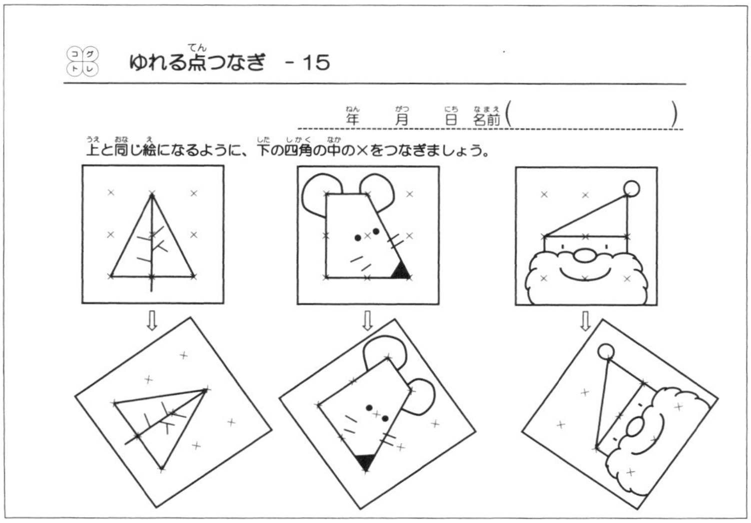

ゆれる点《てん》つなぎ　－15

年《ねん》　月《がつ》　日《にち》　名前《なまえ》（　　　　　）

上《うえ》と同《おな》じ絵《え》になるように、下《した》の四角《しかく》の中《なか》の×をつなぎましょう。

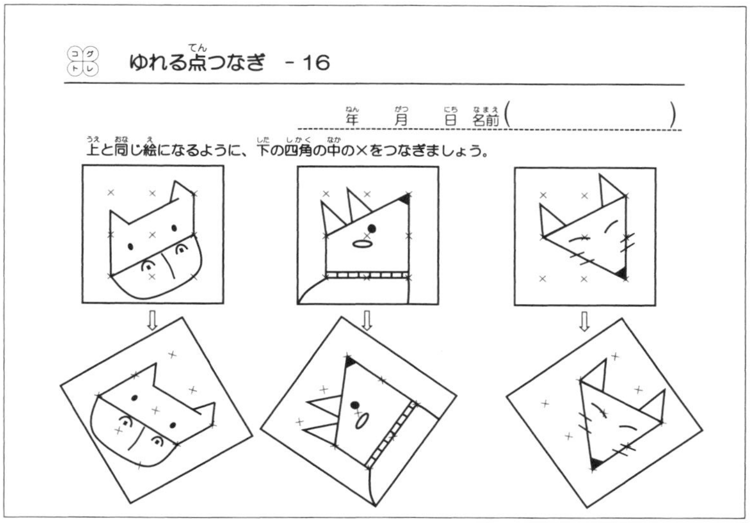

ゆれる点《てん》つなぎ　－16

年《ねん》　月《がつ》　日《にち》　名前《なまえ》（　　　　　）

上《うえ》と同《おな》じ絵《え》になるように、下《した》の四角《しかく》の中《なか》の×をつなぎましょう。

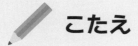

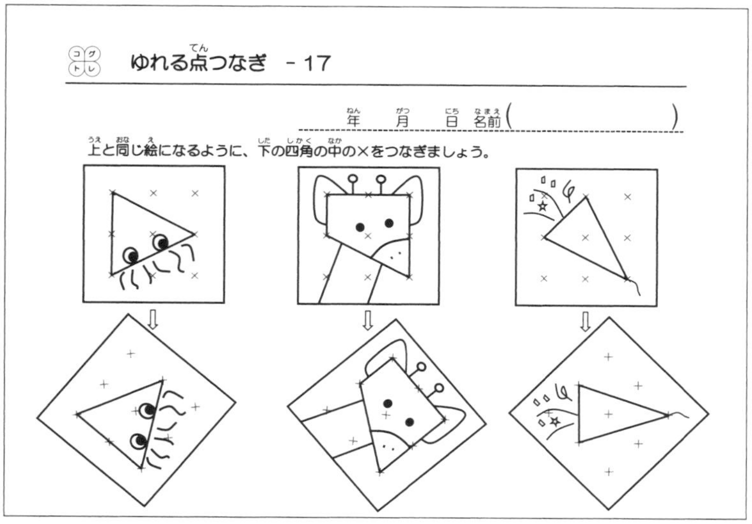
コグトレ

ゆれる点《てん》つなぎ　－17

年《ねん》　月《がつ》　日《にち》　名前《なまえ》（　　　　　）

上《うえ》と同《おな》じ絵《え》になるように、下《した》の四角《しかく》の中《なか》の×をつなぎましょう。

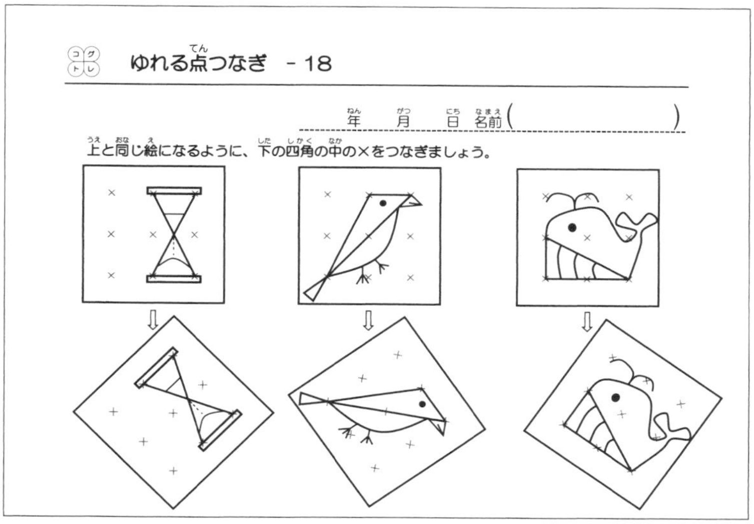
コグトレ

ゆれる点《てん》つなぎ　－18

年《ねん》　月《がつ》　日《にち》　名前《なまえ》（　　　　　）

上《うえ》と同《おな》じ絵《え》になるように、下《した》の四角《しかく》の中《なか》の×をつなぎましょう。

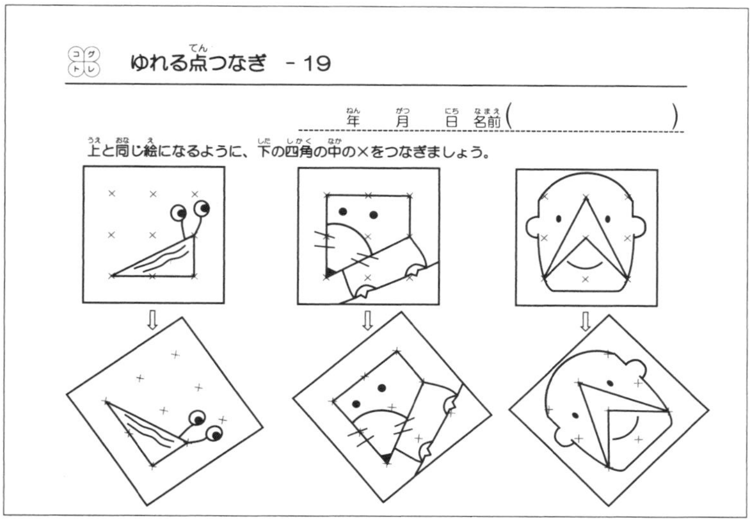
コグトレ

ゆれる点《てん》つなぎ　－19

年《ねん》　月《がつ》　日《にち》　名前《なまえ》（　　　　　）

上《うえ》と同《おな》じ絵《え》になるように、下《した》の四角《しかく》の中《なか》の×をつなぎましょう。

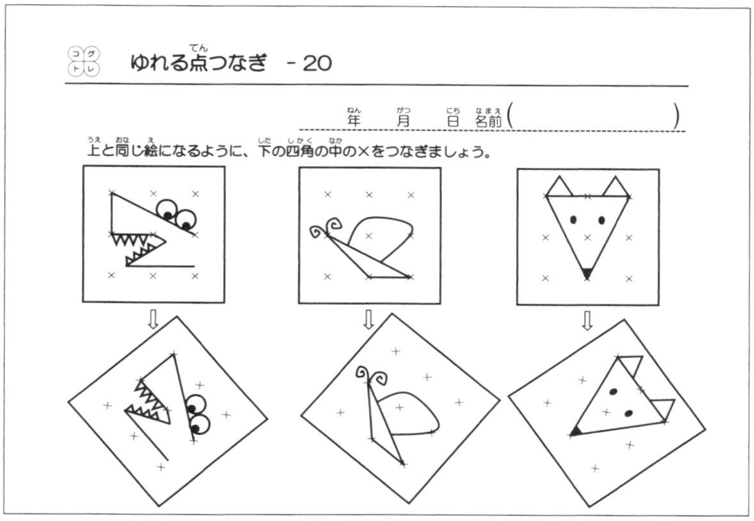
コグトレ

ゆれる点《てん》つなぎ　－20

年《ねん》　月《がつ》　日《にち》　名前《なまえ》（　　　　　）

上《うえ》と同《おな》じ絵《え》になるように、下《した》の四角《しかく》の中《なか》の×をつなぎましょう。

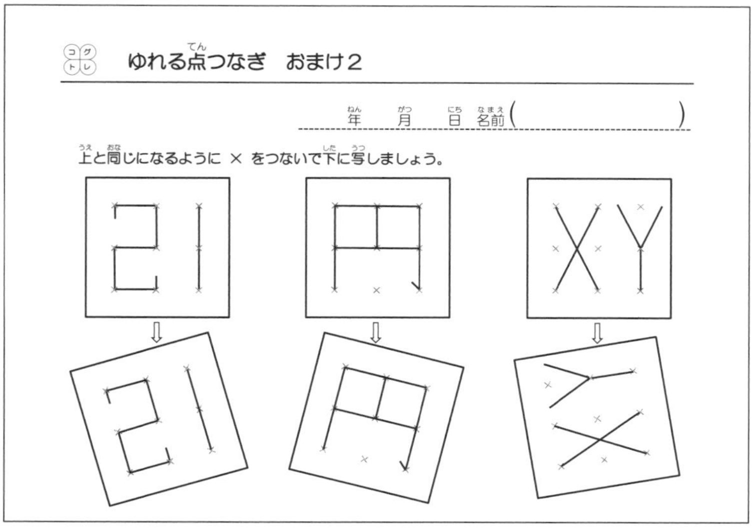
コグトレ

ゆれる点《てん》つなぎ　おまけ2

年《ねん》　月《がつ》　日《にち》　名前《なまえ》（　　　　　）

上《うえ》と同《おな》じになるように × をつないで下《した》に写《うつ》しましょう。

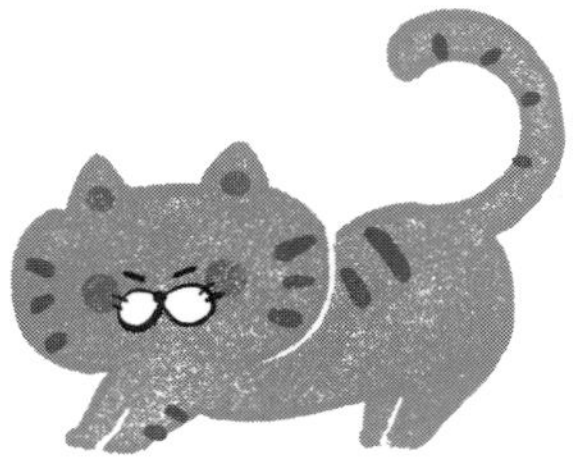

＊シート「ゆれる点つなぎ―1～10」および「ゆれる点つなぎ おまけ1」は『コグトレドリル やさしいコグトレ―写すⅠ』に収載されています

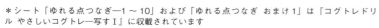